顕正会破折 Q&A

はじめに

今般、顕正会(元妙信講)に対する破折を一書にまとめ、発刊することとなりました。

最近、顕正会員が本宗の寺院を来訪し、執拗《しつよう》に法論を求めてくるケースが増えており、法華講員に議論を仕掛けてくることもあるようです。

それらに対し適正な破折を加え、正義を説いて善導することが本宗僧俗の使命です。

そのため本書では、顕正会の邪難・主張を浅井昭衛の『基礎教学書』や『顕正新聞』などから拾い出し、Q＆A形式で破折しています。

なお、破折の便に供するため、本文で使用した引用文を巻末に収録しました。

各位には本書を熟読され、顕正会員に対する折伏に活用してくださるよう願ってやみません。

令和元年八月二十八日

日蓮正宗法義研鑽委員会

顕正会破折Q&A　目次

事と義の戒壇篇

正本堂篇

御開扉篇

遥拝勤行篇

血脈相承篇

顕正会の本尊

その他の邪難

凡例

＊「Q＆A 顕正会の主張とその破折」では、顕正会の主張を八篇に分類し、それぞれの言い分を囲み文にして番号を付した。

＊付録の「顕正会破折文証集」は、本書で引用した文証を著者および内容によって分類した。

＊本書の表記は、本文については新字体を使用し、引用文については原則として原典の表記を用いた。

引用文献略称

御書　平成新編日蓮大聖人御書（大石寺版）
新定　昭和新定日蓮大聖人御書（大石寺版）
聖典　日蓮正宗聖典（大石寺版）
歴全　日蓮正宗歴代法主全書（大石寺版）
文段　日寛上人御書文段（大石寺版）
研教　富士学林教科書研究教学書（富士学林版）

富要　富士宗学要集
詳伝　富士日興上人詳伝（日亨上人著）
淳全　日淳上人全集
達全　日達上人全集

基礎教学書　基礎教学書　日蓮大聖人の仏法（浅井昭衛著）

〈序　説〉

顕正会とは

顕正会は当初「妙信講」と称し、昭和十六年に浅井甚兵衛《じんべえ》を講頭として結成され、同十七年に本宗の講中《こうじゅう》として認証されました。東京・品川の妙光寺に所属していましたが、種々の問題があり、妙光寺を飛び出して法道会（法道院）に所属し、さらに同三十三年一月、妙縁寺所属の講中となったのです。

その後、昭和三十七年に法華講全国連合会が発足《ほっそく》した際、妙信講は連合会への加入を拒否したため、同三十九年から五年間、総本山大石寺に登山することができませんでした。

また、昭和四十五年頃、総本山において建設中であった正本堂《しょうほんどう》の意義について、妙信講は「大聖人の御遺命《ゆいめい》の戒壇は、天皇の勅宣《ちょくせん》と御教書《みぎょうしょ》（政府の令書）による日本一国総意の国立戒壇《こくりつかいだん》でなければならない。その戒壇は天母山《あんもやま》に建てるべきだ」などと、独自の主張に及びました。「天母山」とは、大石寺の東、約四キロの所にある小高い山のことです。

この頃、創価学会の言論出版問題が起こり、「国立戒壇」があたかも本宗の伝統教義のように誤解されることを憂慮《ゆうりょ》された総本山第六十六世日達上人は「今後は国立戒壇の名称は使用しない」と言明されたのです。

これに対し、国柱会の田中智学《ちがく》が言い出した国立戒壇論を恃《たの》む浅井甚兵衛・昭衛《しょうえい》父子は「宗門が国立戒壇を捨てたのは創価学会の圧力に屈したからだ」と難癖《なんくせ》をつけはじめ、昭和四十七年には宗門に対して「国立戒壇論を宗内に宣言せよ。さもなくば実力行動に移る」と脅迫まがいの文書を突きつけてきました。

宗門は妙信講に反省を促し、弁疏《べんそ》の機会を与えましたが、妙信講から宗門には従わない旨《むね》の返答があったため、昭和四十九年八月十二日、妙信講を講中解散処分とし、十一月には浅井父子ら幹部三十三名を信徒除名処分としました。

しかし、その後も浅井らは妙信講を名乗り、昭和五十七年には「日蓮正宗顕正会」と自称して日蓮正宗の講中のごとく見せかけました。

さらに平成八年十一月には宗教法人格を取得して法人名を「顕正会」としながら、会館などには「冨士《ふじ》大石寺顕正会」との看板を掲《かか》げ、あたかも日蓮正宗総本山大石寺と関係する教団のように装《よそお》い、日蓮正宗に対する寄生的体質を露《あら》わにしています。

現在、顕正会を率いる浅井昭衛は、我見《がけん》を混じえた「国立戒壇」に固執《こしゅう》し、「広布以前に事の戒壇はない」とか、「顕正会の遥拝《ようはい》勤行は宗祖御在世の信心をよみがえらせるもの」などの珍妙な邪説を唱える一方、全く当たらないこけおどしの予言を繰り返し、さらに本宗と無関係の立場になったにもかかわらず、「大御本尊不敬《ふけい》の御開扉を中止せよ」などと的外れの言いがかりを喧伝《けんでん》して会員を誑《たぶら》かしています。

宗門七百数十年の歴史のなかで、血脈《けちみゃく》相伝の正義に背反《はいはん》して破門された集団が、一時、宗門のパラサイト（寄生者）となり己義《こぎ》を吹聴《ふいちょう》した例はいくつかありますが、それらはすべて時の流れとともに消え去っています。顕正会もこの例に漏《も》れず、結局は謗法者浅井昭衛の名を残して、やがて歴史から消え去る運命にあることを知るべきです。

日蓮大聖人の「御遺命」について

御遺命《ゆいめい》とは、後代の者に遺言として命令指示することです。

日蓮大聖人が御入滅直前に教示された「二箇相承書」を拝するならば、後代の弟子信徒に対する重大な御遺命として、二つを挙げることができます。

その第一は、「血脈相承に随順《ずいじゅん》せよ」との御遺命です。

弘安《こうあん》五（一二八二）年九月の『日蓮一期弘法付嘱書《いちごぐほうふぞくしょ》』に、

日蓮一期の弘法、白蓮阿闍梨日興に之を付嘱す、本門弘通の大導師たるべきなり。国主此《こくしゅこ》の法を立てらるれば、富士山に本門寺の戒壇を建立《こんりゅう》せらるべきなり。時を待つべきのみ。事《じ》の戒法と謂《い》ふは是《これ》なり。就中我が門弟等此の状を守るべきなり

（傍線編者・御書 一六七五）

と仰せられ、さらに大聖人御入滅の当日の『身延山《みのぶさん》付嘱書』には、

釈尊五十年の説法、白蓮阿闍梨日興に相承す。身延山久遠寺の別当《べっとう》たるべきなり。背く在家出家共の輩は非法の衆たるべきなり（傍線編者・同）

と教示されています。

すなわち二箇の相承書の双方に、大聖人から日興上人への唯授一人《ゆいじゅいちにん》の血脈相承に随順すべきことを厳命されているのです。

この御教示は、相伝書である『百六箇抄』にも、

上首已下並びに末弟等異論無く尽《じん》未来際に至るまで、予《よ》が存日の如《ごと》く、日興が嫡々付法の上人を以て総貫首と仰ぐべき者なり（傍線編者・同　一七〇二）

と仰せられていることからも明らかです。

その第二は、「広宣流布に向かって精進《しょうじん》し、本門寺の戒壇建立を期《き》せよ」との御遺命です。

それは『日蓮一期弘法付嘱書』の、

国主此の法を立てらるれば、富士山に本門寺の戒壇を建立せらるべきなり。時を待つべきのみ。事の戒法と謂《い》ふは是なり（傍線編者・同　一六七五）

との御文や、『三大秘法抄』の、

王臣一同に本門の三秘密の法を持《たも》ちて、有徳《うとく》王・覚徳比丘《びく》の其《そ》の乃往《むかし》を末法濁悪《じょくあく》の未来に移さん時、勅宣《ちょくせん》並びに御教書《みぎょうしょ》を申し下して、霊山《りょうぜん》浄土に似たらん最勝の地を尋ねて戒壇を建立すべき者か。時を待つべきのみ。事の戒法と申すは是なり

（傍線編者・同　一五九五）

との御文に明らかです。

なお顕正会の浅井昭衛は、

国立戒壇こそ、大聖人様のただ一つの御遺命である（顕正新聞 令和元年七月五日号四面）

と主張しています。

浅井は、大聖人の第一の御遺命である血脈相承の正師《しょうし》に随順せず、大聖人の教義にない「国立戒壇」に固執し、それをもって「ただ一つの御遺命である」と己義を吹聴しているのです。

このことからも、浅井が大聖人の仏法に反逆する大謗法者であることは明らかです。

Q&A 顕正会の主張とその破折

国立戒壇篇

1 日蓮大聖人の仏法の第一義は御遺命の国立戒壇建立である。

日蓮大聖人が三大秘法の宗旨を建立された目的は、末法濁悪の衆生《しゅじょう》に正法を信受せしめ、正しい仏道修行によって成仏の境界《きょうがい》へ導くことにあります。

そのため、日蓮大聖人は後代の僧俗に対し、唯授一人・血脈相伝の正師の御指南に随順し、異体同心して広宣流布実現に向かって精進しなければならないことを御遺命されているのです。

浅井の言う「国立戒壇」は本来、日蓮大聖人の御書にない用語であり、「日蓮大聖人の仏法の第一義」などではありません。

2　国立戒壇を捨てた宗門は御遺命に違背している。

第六十六世日達上人は昭和四十五年五月三日、「国立戒壇」という名称を今後使用しないことを決められたのであり、大聖人の御遺命である本門寺の戒壇建立そのものを否定されたのではありません。

これについては、日達上人が同年五月三十一日開催の第十三回寺族同心会大会において、

国立戒壇という名前を使わなかったと言っても決して、「三大秘法抄」の戒壇のご文、あるいは「一期弘法抄」の戒壇のご文に少しもそれを否定したり謗《そし》ったり、あるいは不敬《ふけい》にあたるようなことは少しもないのでございます。もちろん、「三大秘法抄」とか「一期弘法抄」に国立という名前は使っておりません

（達全　二―六―三三二、大日蓮　昭和四五年七月号一九）

と御指南されているとおりです。

大聖人も日興上人も日寛上人も使用されていない「国立戒壇」の四文字を使用しないからと言って、御遺命違背だと騒ぐ顕正会こそ増上慢《ぞうじょうまん》であり、大謗法《ほうぼう》です。

浅井昭衛は、日達上人の「今後は使用しない」との御指南を「御遺命を捨てた」とすり替え、

会員を扇動《せんどう》しているのです。

3　国立戒壇こそ正系門家七百年来の宿願《しゅくがん》であり、第六十五世日淳上人までは厳然と堅持《けんじ》されていた。(顕正新聞　令和元年五月五日号三面趣意)

宗門の七百数十年来の宿願は、広宣流布の暁《あかつき》に本門寺の戒壇を建立することであり、「国立戒壇」の建立ではありません。

浅井は「国立戒壇」なるものを理想とし、その精神が大聖人以来、厳然と堅持されてきたなどと言いますが、仮に国立戒壇が「宗門の宿願」であるとすれば、第五十九世日亨上人以前の御歴代上人の御教示に「国立戒壇」の語句があるはずです。しかし、それが全くないという事実は、大聖人の仏法に「国立戒壇」なる教義も精神も一切存在しないということです。

なお宗門では、日亨上人以後、第六十四世日昇上人、第六十五世日淳上人、第六十六世日達上人が「国立戒壇」という名称を使用されましたが、それは当時の宗教界や社会状況のなかで、便宜上《べんぎじょう》、用いられたものです。

大聖人が『開目抄』に、

先判後判《せんぱんごはん》の中には後判につくべし（御書　五三七）

と仰せのように、後に判ぜられた法門につくのが仏法の習いです。

同様に、昭和以降の四上人が用いられたお言葉であっても、その当事者のお一人である日達上人が、後に改められたことに随順するのが仏法の鉄則です。

4　（明治以前の先師上人は）「国立戒壇」の文言こそ用いておられないが、意は国立戒壇建立《こんりゅう》を指すこと、天日《てんじつ》のごとく明らかである。（基礎教学書　三〇五）

浅井昭衛は『基礎教学書』や機関紙等で、日興上人をはじめ御歴代上人の御文を並べて〝国立戒壇とは言っていないが、その真意は国立戒壇建立にある〟と得意げに説明しています。しかし、この浅井の言葉は、取りも直さず、明治以前の御歴代上人が「国立戒壇」の文言を一切用いておられないことを自ら証言しています。

「意は国立戒壇建立を指す」と勝手な解釈をしていますが、これこそが大聖人以来の御歴代上人の御意に背く増上慢《ぞうじょうまん》の言というべきです。

5 第六十四世日昇上人は「奉安殿慶讃文《ほうあんでんけいさんもん》」で、「国立戒壇の建立を待ちて六百七十余年今日に至れり。国立戒壇こそ本宗の宿願なり」と、血脈付法の正師《しょうし》にして、国立戒壇を熱願していたではないか。（基礎教学書　三〇六趣意）

日昇上人は、昭和三十年十一月二十三日、奉安殿落慶における「慶讃文」（大日蓮　昭和三〇年一二月号一四）で、確かに「国立戒壇の建立を待ちて六百七十余年」と仰せられていますが、ここで仰せの「国立戒壇」とは広宣流布の暁に建立される戒壇という意味で、田中智学や浅井昭衛が言うような、大聖人の仏法を日本の国教にして、国立の戒壇を建てるというような偏狭《へんきょう》な意味ではありません。

「慶讃文」の全文を拝すると、中ほどには「一天四海《いってんしかい》に広宣流布の時」と仰せられ、後段では「来るべき国立戒壇建立の暁」と仰せられていることからもわかるように、この二つの御文は同じことを意味しています。

したがって日昇上人は、広宣流布の暁を表現するために、当時通用していた「国立戒壇」という語句を便宜上、使用されたに過ぎません。

6　細井管長もかつては「国立戒壇」の正義を述べていたではないか。（基礎教学書　三〇七・三〇八趣意）

かつて日達上人は「国立戒壇」の名称を使用されていましたが、昭和四十五年五月三日に、今日では「国立戒壇」という名称は世間の疑惑を招くし、かえって、布教の邪魔にもなるため、今後、本宗ではそういう名称を使用しないことにいたします

（達全　二－五－五〇〇、大日蓮　昭和四五年六月号一七）

と明確に発表されました。これは、大聖人の仏法の深義に照らしての御指南であり、本宗における正義です。

したがって、今日「国立戒壇」の名称を使用することは正義ではありません。

7　国立戒壇に関する細井管長の御指南はどういうものか。

日達上人は、昭和四十五年五月三日に、

わが日蓮正宗においては、広宣流布の暁《あかつき》に完成する戒壇に対して、かつて「国立戒壇」という名称を使っていたこともありました。しかし、日蓮大聖人は世界の人々を救済するために

　一閻《いちえん》浮《ぶ》提《だい》第一ノ本尊ヲ可レシ立ツ二此国ニ一。（新定　二—九七五）

と仰せになっておられるのであって、決して大聖人の仏法を日本の国教にするなどと仰せられてはおりません。日本の国教でない仏法に「国立戒壇」などということはありえないし、そういう名称も不適当であったのであります。明治時代には「国立戒壇」という名称が一般的には理解しやすかったので、そういう名称を使用したにすぎません。明治より前には、そういう名称はなかったのであります。今日では「国立戒壇」という名称は世間の疑惑を招くし、かえって、布教の邪魔にもなるため、今後、本宗ではそういう名称を使用しないことにいたします（達全　二—五—四九九、大日蓮　昭和四五年六月号一七）

と、日蓮大聖人の仏法の本義に照らして「国立戒壇」の語を使用しないと御指南されました。

8　日達上人が国立戒壇の御遺命を捨てたのは、言論問題で共産党の追及に怯《ひる》んだ池田大作の圧力に屈したからではないか。

（基礎教学書　三三六〜三四八・三五三〜三五五等）

創価学会の言論出版問題以降、様々な分野から創価学会批判と同時に宗門に対しても謂《い》われなき中傷《ちゅうしょう》が加えられたことがありました。国会議員のなかにも、創価学会に対して様々な批判を加える人が出てきました。

そのようななかで日達上人は、世間から誤解を招き布教の邪魔になることから「国立戒壇」の言葉を使用しないと発表されたのです。

宗門が学会に屈したとか、池田大作の言いなりになったなどというものではありません。

9 (『三大秘法抄』の)「王法《おうぼう》」とは、国家あるいは国主を意味する。
(顕正新聞　令和元年六月五日号三面)

第六十五世日淳上人は『三大秘法抄拝読』において、

王法とは国王が政治を行ふその拠《よ》りどころである法であります。また一般世間の法にも通《かよ》ふところで、仏法の出世間《しゅっせけん》法なるに対し世間法を意味せられるのであります
(淳全　四八七)

と仰せられ、王法とは国家・国主の法令という意味だけではなく、一般世間の法をも意味すると御指南されています。

浅井昭衛が、「王法」を「国家・国主」に限定するのは、国立戒壇の我見を主張したいがためなのです。浅井の王法についての解釈は、きわめて偏狭《へんきょう》なものと言うべきです。

10　「勅宣《ちょくせん》・御教書《みぎょうしょ》」すなわち国家意志の表明を建立の必要手続とするゆえに、富士大石寺門流ではこれを端的に「国立戒壇」と呼称してきた。
（基礎教学書　二九七等）

ここで浅井は、『三大秘法抄』の「勅宣・御教書」を勝手に解釈して「国立戒壇」の根拠としていますが、日蓮正宗でそのような解釈をすることはありません。また浅井は、富士大石寺門流で「国立戒壇」と呼称してきたなどと嘯《うそぶ》いていますが、明治以前の日蓮正宗の歴史にそのような事実はありません。

古来、宗門において『三大秘法抄』は宗旨の根幹に関わる重要御書として、安易に解釈することは許されませんでした。そのため、『三大秘法抄』の解釈書は、きわめて数少ないものでした。近年に至って日淳上人が『三大秘法抄』を講義されましたが、その一文に、

勅宣は国王の「みことのり」で御教書とは当時将軍の令書であります。此《こ》れは国政の衝《しょう》に当《あた》る人より出る教詞《きょうし》と解すべきであります（淳全　四八八）

と仰せられています。しかし、「勅宣・御教書」をもって「国立戒壇」の根拠としてはいないのです。

このことからも、浅井の言い分は、慢心《まんしん》による妄言《もうげん》という他はありません。

11　三大秘法抄に「勅宣並びに御教書を申し下して」とあるので、将来は必ず憲法を改正して天皇の勅宣と、国会の議決か閣議決定をした上で本門戒壇を建立しなければならない。（正本堂の誑惑を破し懺悔清算を求む　一〇九・一六五趣意）

日蓮大聖人は『三大秘法抄』と『日蓮一期弘法付嘱書』に、広宣流布の暁に建立すべき戒壇について、

時を待つべきのみ（御書　一五九五・一六七五）

と仰せられています。また、この戒壇について、第二十六世日寛上人は日興上人の教えを受けた三位《さんみ》日順師の『本門心底抄』を引用して、

「兼日《けんじつ》の治定《ちじょう》は後難を招くに在《あ》り、寸尺高下註記《ちゅうき》すること能《あた》わず」等云云。順公尚爾《なおしか》り、況《いわ》んや末学をや（依義判文抄・六巻抄　八六）

と御指南されています。

広宣流布の事相が現れる以前に、憲法の改正や国会の議決などと喋々《ちょうちょう》することは、後難を招く不毛の議論でしかありません。

私たち日蓮正宗僧俗の願業とするところは、日蓮大聖人の御教示のままに精進し、一天四海・

皆帰《かいき》妙法を成就することです。

12 「国主此の法を立てらるれば」とは国立を意味しているではないか。（基礎教学書　二五三趣意）

『日蓮一期弘法付嘱書』の、
国主此《こ》の法を立てらるれば（御書　一六七五）
とは、国主が妙法を護持した時、すなわち一国の広宣流布が成った時、という意味です。
「立てる」の用法として、『撰時抄』には、
日本国にして此の法門を立てんは大事なるべし云云（傍線編者・同　八七二）
とあり、日興上人の『原殿御返事』には、
いづくにても聖人の御義を相《あい》継ぎ進《まい》らせて、世に立て候はん事こそ詮にて候へ（傍線編者・歴全　一―一七二、聖典　五六〇）
とあります。ここで仰せられる「法を立てる」とは建物を立てるのではなく、「法門を宣揚《せんよう》する」とか「世に弘める」との意味であり、広義に解釈しても「一国に広宣流布した時は」との文意

であって、国立戒壇の根拠となる御文ではありません。

13 憲法改正・国立戒壇・国教化は、広宣流布の後に必ず行われる。（正本堂の誑惑を破し懺悔清算を求む　一〇九・一六五趣意）

浅井の言う「国立戒壇・国教化」などは、日蓮大聖人の仏法にそぐわない考えです。また憲法改正が必要であるか否《いな》かは、その時点に至らなければ、決められるものではありません。

これら浅井の言は、「時を待つべきのみ」（日蓮一期弘法付嘱書・御書　一六七五）「兼日《けんじつ》の治定《ちじょう》は後難を招くに在《あ》り」（本門心底抄・六巻抄　八六参照）との誡《いまし》めに背くものです。

14 「国立戒壇」とは、国費によって立てる戒壇の意ではない。広宣流布の暁の事《じ》の戒壇は、全国民の燃えるような赤誠《せきせい》の供養によるべきである。（正本堂の誑惑を破し懺悔清算を求む　一九一）

「国立」とは、
国家が設立すること。国家が設立して、維持や管理をすること。国営。

（小学館　日本国語大辞典第二版　五―六一八）

という意味です。つまり「国立戒壇」である以上、その戒壇は国費をもって設立され、国家が維持・管理する建物ということになるのです。

浅井昭衛がどのように言い繕《つくろ》っても、「国費によって立てる戒壇の意ではない」ならば、「国立」ということにはなりません。

また「全国民の燃えるような赤誠の供養による」などという浅井の言は、池田大作が言う「民衆立《りつ》」となんら変わらないものです。

15 「国立戒壇」の法義を論ずるのに、わざわざ国語辞典を持ち出すのはおかしい。

(顕正新聞　平成三一年三月五日号三面趣意)

浅井昭衛の「国立」に対する理解が誤っていることを指摘するために、あえて国語辞典を用いたのです。

16「国立戒壇の語は御書にない」と言うが、法華経の文面に「一念三千」の語はなくても、その意義があるから天台大師は「一念三千」と言われた。「国立戒壇」もこれと同じことである。（顕正新聞 令和元年七月五日号三面趣意）

国柱会の田中智学が言い出した「国立戒壇」を正当化するために、天台大師の「一念三千」を引き合いに出すのは、そもそも的外れです。

その理由として、第一にその言葉を言い出した人に天地の相違があります。一念三千は三国四師の一人に数えられ、像法《ぞうぼう》時代における法華経の導師である天台大師が法華経の根本法義として説き出されたものです。これに対して国立戒壇なる言葉は、身延日蓮宗から還俗《げんぞく》して新興宗教を開いた田中智学《ちがく》が言い出した言葉です。

したがって、国立戒壇を一念三千の法理に譬《たと》えるのは、田中智学を天台大師と同等に見なす盲見《もうけん》と言うべきです。

理由の第二は、一念三千が法華経の根本法理であるのに対し、広布の暁に建立されるべき戒壇は、古来宗門にあっては、

智臣《ちしん》・大徳《だいとく》宜《よろ》しく群議《ぐんぎ》を成すべし。兼日《けんじつ》の治定《ちじょう》は後難を招くに在《あ》り

（富要　二―三四、六巻抄　八六参照）

とあるように、その時の到来を待って定められるものです。

したがって、不変の法理である一念三千と、群議によって決せられる戒壇建立とは、その意義内容において大きな違いがあります。このように、国立戒壇と一念三千を同格に見なすことは、人法両面において天地雲泥《うんでい》の差があるのです。

まさに浅井の言い分は浅識《せんしき》による暴論です。

17　国立戒壇が建立されれば、いま日本社会に充満している凶悪犯罪などは、朝露のごとく消滅するのである。（基礎教学書　三〇〇）

浅井昭衛は「国立戒壇が建立されれば、凶悪犯罪などは、朝露のごとく消滅する」と言い、その理由として、

国立戒壇を建立すれば、本門戒壇の大御本尊の力用《りきゆう》により、国家そのものが防非止悪《ぼうひしあく》の当体となる（基礎教学書　二九九）

と言っています。しかし「国家そのものが防非止悪の当体となる」などという考えは、日蓮大聖人の教えではありません。

また「国立戒壇」でなければ、理想社会や仏国土建設が成立しないと考えるのは、浅井の独断に過ぎません。

日蓮大聖人は広宣流布の事相について『如説修行抄』に、

万民一同に南無妙法蓮華経と唱へ奉らば、吹く風枝をならさず、雨土《つち》くれをくだ《砕》かず、代《よ》はぎのう《羲農》の世となりて、今生《こんじょう》には不祥の災難を払ひて長生《ちょうしょう》の術を得、人法共に不老不死の理《ことわり》顕はれん（御書　六七一）

と仰せられ、一国乃至《ないし》全世界の民衆が本門戒壇の大御本尊を信じ、南無妙法蓮華経と唱える修行によって、真の理想社会が現出《げんしゅつ》すると御教示です。

そこに「国立戒壇」が必要だということは仰せになっていません。

浅井の主張は荒唐無稽《こうとうむけい》の論です。

18　御遺命の戒壇とは「広宣流布の暁に、国家意志の公式表明を以《もっ》て、富士山天生原《あもうがはら》に建立される国立戒壇」である。（基礎教学書　二九九、同　四一等趣意）

ここでいう「天生原」とは、左京《さきょう》日教師が『類聚翰集私《るいじゅかんしゅうし》』に、

天生ヵ原に六万坊を立て法花《ほっけ》本門の戒壇を立つべきなり（富要　二―三一三）

と主張したのが初出《しょしゅつ》で、さらに要法寺日辰が『御書抄・報恩抄下』に、

富士山の西南に当たりて、山名は天生山と号す。此《こ》の上に於《お》て本門寺の本堂御影堂を建立し、岩本坂に於て二王門を立て六万坊を建立し玉ふべき時、彼《か》の山に於て戒壇院を建立し（達全　二―五―三三四参照）

と主張したところに端を発します。

天生原について、古来宗門では様々な伝承による説がありますが、第五十九世日亨上人は、

空談にもせよ、天生が原の寸地にいかに重畳《ちょうじょう》しても、摩天楼《まてんろう》にしても六万の坊舎が建設せらるべきや（詳伝　二六八）

と、天生原すなわち、天母山を中心とする狭隘《きょうあい》な土地に六万坊を建立することは不可能であると仰せられ、また日達上人は、

天生原とは大石ヶ原のことであります
（達全　二―五―四七〇、大日蓮　昭和五〇年一一月号一二）

と、大石寺のある大石ヶ原こそ天生原であると御指南されています。

なお、浅井が天生原戒壇説に固執《こしゅう》する根拠として、日興上人筆と伝えられる大坊棟札《むなふだ》の、

国主此の法を立てらるる時は、当国天母原に於て、三堂並びに六万坊を造営すべきものなり（達全　二―五―三二七参照）

の文を挙げますが、この棟札は、第五十九世日亨上人が詳しく検証された結果、後世の贋作《がんさく》であったことが判明しています。

浅井は、広宣流布の暁に建立される本門寺の戒壇の場所についても、迷言を吐《は》いているのです。

19 大石寺には「天生原《あもうがはら》戒壇説」を主張していた人がいるではないか。（基礎教学書 二九八〜二九九趣意）

一例を挙げれば、第二十六世日寛上人は、
事《じ》の戒壇とは即《すなわ》ち富士山天生原に戒壇堂を建立するなり（報恩抄文段・御書文段 四六九A）
と仰せられ、第四十八世日量上人は、
（戒壇の大御本尊は）広布ノ時天母原ニ掛ケ奉ルベシ（中略）夫《そ》レ迄《まで》ハ富士山大石寺則《すなわ》チ本門戒壇ノ根源也（本因妙得意抄・松寿院聞書 一一―一三）
と御指南されています。
しかし日達上人は、
天生原とは大石ヶ原のことであります（達全 二―五―四七〇、大日蓮 昭和五〇年一一月号 一二）
とも、
富士山本門寺とは、当山であります。当山が大石寺と称しているのは、未だ広宣流布せざる間は暫《しばら》く大石寺と称しているのでありまして、時来らば本門寺と名乗るべきであります

（昭和四五年四月六日　霊宝虫払大法会御説法・宗務院文書）

とも仰せられ、天生原とは大石ヶ原のことであり、広宣流布の暁に本門寺の戒壇を建立する地は、大石寺に他ならないことを御指南されています。

したがって、日達上人の御指南を拝するならば、大石寺こそが本門戒壇建立の地・天生原なのです。

20 細井管長の「一閻浮提《いちえんぶだい》の人々のための仏法だから、大聖人は国教にするなどと仰せられていない」との言葉はたばかりである。全人類に総与された本門戒壇の大御本尊を、まず日本が世界にさきがけて「国教」とするのは当然である。

（基礎教学書　三五五趣意）

日達上人の前述のお言葉（設問7参照）のとおり、大聖人の御書に「国立戒壇」という用語もなければ「国教にせよ」などの御教示もありません。

浅井昭衛は「国立戒壇」を主張するため、「国教化」に執着《しゅうじゃく》するのでしょう。しかし、伝教大師が迹門《しゃくもん》の戒壇を建立した例を見ても、時の天皇の勅宣《ちょくせん》を得たことは事実ですが、だからと言って戒壇堂を天皇の手で建てたとか、国家が建立したというのではありませんし、天台法華宗が国教となったわけでもありません。戒壇の建立主は、あくまで比叡山《ひえいざん》だったのです。したがって、比叡山の戒壇堂を「国立戒壇」とは言わないのです。

これに対して、日蓮大聖人の仰せられる本門寺の戒壇建立は、「万民一同に南無妙法蓮華経と唱へ奉る」時、すなわち皆帰《かいき》妙法の広宣流布が成就した時に建立されるのであり、どのように建立するかは、『本門心底抄』に、

智臣《ちしん》・大徳《だいとく》宜《よろ》しく群議《ぐんぎ》を成すべし（富要　二―三四、六巻抄　八六参照）

とあるように、一切は時の御法主上人の御指南のもとに智臣と大徳が相談して決定すべきことです。広宣流布途上《とじょう》の現今において、国教化などを云々《うんぬん》することは時期尚早《しょうそう》です。

21　「国教でない仏法に国立戒壇などということはあり得ない」（日達上人お言葉）について言えばこれ全く逆さまの論理である。国教だからこそ国立戒壇でなければいけないのである。御付嘱《ふぞく》状を見よ。「国主此《こ》の法を立てらるれば」とある。国主が立てられる法とはまさに国教ではないか。（基礎教学書　三五六）

まず「国教化」や「国立戒壇」は、田中智学が盛んに主張した語であり、日蓮正宗の伝統的な教学用語ではありません。

ここで浅井は、日達上人の御指南を歪曲《わいきょく》しています。

日達上人の御指南は、

わが日蓮正宗においては、広宣流布の暁《あかつき》に完成する戒壇に対して、かつて「国立戒壇」という名称を使っていたこともありました。しかし、日蓮大聖人は世界の人々を救済するために

一閻浮提第一ノ本尊ヲ可レシ立ツ二此国一ニ。（新定　二―一九七五）

と仰せになっておられるのであって、決して大聖人の仏法を日本の国教にするなどと仰せられてはおりません。日本の国教でない仏法に「国立戒壇」などということはありえな

いし、そういう名称も不適当であったのであります

（達全　二―五―四九九、大日蓮　昭和四五年六月号一七）

というものです。

すなわち全世界の衆生を救済すべき日蓮大聖人の仏法において、一国のみにこだわる「国立戒壇」や「国教」という言葉を使うことが不適当であると御指南されたのです。

これは現今、世界広布を目指して海外の寺院・拠点で布教している僧侶や信徒が、事実上、大勢いることを深く認識すべき御指南でもあります。

「御付嘱状を見よ」と大層なことを言っていますが、その御付嘱状『日蓮一期弘法付嘱書《いちごぐほうふぞくしょ》』は、宗祖日蓮大聖人から第二祖日興上人へ唯授一人《ゆいじゅいちにん》の血脈《けちみゃく》相承がなされた証《あかし》となる書状であり、その末文に、

就中《なかんずく》我が門弟等此《こ》の状を守るべきなり（御書　一六七五）

とあります。これは門下一同に対し、日蓮大聖人の仏法の根本命脈《めいみゃく》たる唯授一人の血脈に信伏《しんぷく》随従《ずいじゅう》することを教示された御遺命《ゆいめい》なのです。

この御遺命に違背して信徒除名になった浅井に、日蓮大聖人の御遺命を論ずる資格はありません。

22 顕正会が主張する国立戒壇が田中智学《ちがく》の模倣《もほう》というならば、「国立戒壇」の名称をお使いになった本宗の歴代先師上人を、なぜ「田中の模倣」と非難しないのか。（正本堂の誑惑を破し懺悔清算を求む　二〇三趣意）

本宗において、「国立戒壇」の語を用いられたのは、第五十九世日亨上人、第六十四世日昇上人、第六十五世日淳上人、第六十六世日達上人の四上人ですが、いずれも〝広宣流布達成時に建立されるべき本門寺の戒壇〟という説明を省略するために、当時日蓮門下の一部に通用していた用語を便宜《べんぎ》上使われただけで、けっして「田中智学の模倣」をしたのではありません。

それに対して浅井は、言葉だけでなく、田中智学の思想に倣《なら》い、「国立戒壇」に固執《こしゅう》しているので、「模倣」であると破折《はしゃく》しているのです。

23

日淳上人が「田中智学《ちがく》氏の『日蓮聖人の教義』なる著書は、日蓮正宗の教義を盗んで書いたものであることは明白である」(「興尊雪寃録《こうそんせつえんろく》」の妄説を破す)と仰せになっている。田中智学は、富士大石寺伝統の国立戒壇の正義を知り、これを盗んであたかも自身発明のごとく世に宣伝した。

(正本堂の誑惑を破し懺悔清算を求む　二〇四・二〇五趣意)

ここで浅井昭衛は、田中智学が唱えた「国立戒壇」は、もともと日蓮正宗の教義にあったものを盗んで世に宣伝したものだと言っています。

しかし大聖人の御書にも、日興上人の御教示にも、日寛上人の御指南にも、「国立戒壇」なる言葉はもちろんのこと、そのような思想も存在しないのです。

ここで日淳上人が仰せられているのは、田中智学が日蓮正宗の本尊論をはじめとする教義全般にわたって剽窃《ひょうせつ》や模倣《もほう》をしているということです。なかでも戒壇について田中智学は、富士戒壇説を自説のごとく主張し、それに加えて国粋《こくすい》主義的発想による国立戒壇論を創唱《そうしょう》したのです。その田中智学の尻馬《しりうま》に乗っているのが浅井昭衛です。

24
（日顕上人の）「『国立戒壇論の誤りについて』のなかにおいて『国立戒壇が間違いだ』と言ったことは正しかった」（近現代における戒壇問題の経緯と真義八九）との発言は、大謗法の悪言、断じて許しがたい。
（顕正新聞 令和元年五月五日号二面趣意）

浅井昭衞が主張する「国立戒壇」は、日達上人の御指南に背く思想であり、宗開両祖をはじめ近代に至るまで、ほとんどの御法主上人が用いられなかった名称であって、本宗の教義信仰からは明らかな間違いです。

ですから、日顕上人が「浅井の言う国立戒壇は間違いだ」と仰せられたお言葉は、まさしく本宗の正義そのものです。

25
阿部日顕（上人）は、国立戒壇を否定しつづけ、「国主立戒壇」などという珍妙な新たなたばかりを持ち出してきた。「国主立《りつ》」とは池田大作が「民衆立」と宣伝した正本堂と全く同じではないか。（顕正新聞 平成三一年四月五日号四面趣意）

日顕上人は「国主立戒壇」について、平成十六年の第五十三回全国教師講習会の折に、

> 私は「国主立ということを言いなさい」と言っているわけではありません。ただ私は、御遺命から言って、国主立という言い方もできるのではなかろうかという意味で言っているだけで、正規に大聖人が我々に示され、命令された御戒壇は何かと言えば御遺命の戒壇、いわゆる本門寺の戒壇であります（近現代における戒壇問題の経緯と真義　一〇八）

と仰せられています。

これは、国立戒壇に固執する浅井昭衛をはじめ顕正会員を教導するため、日顕上人が一つのお考えとして仰せられたものです。

浅井はここで日顕上人の仰せられた「国主立」と、池田が主張した「民衆立」は全く同じであると言っています。

しかし『日蓮一期弘法付嘱書』の御文のとおりに仰せられた「国主立」と、大衆に迎合《げいごう》した「民衆立」とは、大きな違いがあります。

むしろ、浅井が言う「全国民の燃えるような赤誠《せきせい》の供養」（設問14参照）による戒壇は、池田の言う「民衆立」の戒壇と、驚くほど類似しています。

なお、大聖人の御教示に沿った名称である「国主立」に対して、浅井の言う「国立戒壇」とは、天地雲泥《うんでい》の差があることを知らなければなりません。

ちなみに、日顕上人は平成四年の第四十一回全国教師講習会の折に、

今の憲法においては、いくら妙信講が「国立戒壇だ」と叫んでみても、結局、憲法には違反するわけですから全く不可能なのです（中略）敢《あ》えて一つの考え方として申し上げるならば、「国主立」という言い方はどうだろうと思うのです

（大日蓮　平成四年一一月号四五）

と御指南されました。これについて当時、浅井は、

この中で述べられていることは、結局「国立戒壇」と同じことでしょう（中略）「国立戒壇」ということを直《ただ》ちには云《い》いにくい。そこで「国主立戒壇」なんて名前を変えて国立戒壇と同じ意義を言おうとしているわけなのであります（顕正新聞　平成四年一一月五日号一面）

と言っていました。

なんと浅井は、日顕上人の御指南を勝手に解釈して、「国主立戒壇」と「国立戒壇」とは同じ意義であると言って喜んでいたのです。それを二十七年後の平成三十一年になって「珍妙な新たなたばかり」と誹謗中傷し始めたのです。

26　（日達上人が）「戒壇の大御本尊まします所は、いずくいずかたでも事《じ》の戒壇である」と言ったのはたばかりである。「事の戒壇」は、広布の暁《あかつき》に建立される本門寺の戒壇の一つしかない。（基礎教学書　三三三・三五〇趣意）

浅井昭衛は、事の戒壇とは広布の暁に建立される戒壇のみに該当する言葉であって、広布以前には存在しないと主張しています。

しかし、広布以前においても本門戒壇の大御本尊まします所が事の戒壇であることは、次の御歴代上人の御指南に明らかです。

◯第二十六世日寛上人『三大秘法之事　大弐《だいに》阿闍梨《あじゃり》御講』

本門戒旦 ─┬ 在々処々本尊安置之処ハ理ノ戒旦也
　　　　　└ 冨士山戒旦之御本尊御在所ハ事ノ戒也

（傍線編者・日相上人筆記・達全　二―六―四二六）

○第三十六世日堅上人『堅師寿量品説法』

事ノ戒旦　一幅ノ板御本尊奉レ掛所ヲ云

道理ノ戒旦　御代々御書写御本尊奉レ掛所ヲ云（傍線編者・妙光寺所蔵文書）

○第五十二世日霑上人『三大秘法談』

未タ廣布ノ時不レ至ラ事相ノ戒旦御建立ナシトイヘドモ此ノ道場即是レ事ノ戒旦真ノ霊山事ノ寂光

（傍線編者・研教　二三—四一八）

○第六十世日開上人『御戒壇説法』

大御本尊、今眼前に当山に在《まし》ます事なれば、此ノ所即是《すなわちこれ》本門事の戒壇、真の霊山、事の寂光

（傍線編者・日開上人全集　六）

○第六十六世日達上人

本門戒壇の大御本尊安置のところはすなわち、事の戒壇である

（傍線編者・達全　二—六—一〇九、大日蓮　昭和四七年五月号二五）

このような御指南について浅井は、かつて、

猊下（日達上人※）の仰せ給う「事の戒壇」とは、この広布の時の「事相《じそう》」に約し給《たま》うものでなく、所住の法体《ほったい》の「事」に約し給うたものである。即《すなわ》ち、戒壇の大御本尊おわします所は何処《いずく》・何方《いずかた》にても直《ただち》に「事の戒壇」と定義せられたのである。従って、曾《か》っての御

宝蔵も、また現在の奉安殿も「事の戒壇」であり、将来正本堂にお遷《うつ》り遊ばせば同じく「事の戒壇」であるとの御意であられる

（※編者注・「正本堂」に就き池田会長に糺し訴う・冨士　昭和五〇年四月号二五）

と述べて、日達上人の御指南に随順《ずいじゅん》していました。

しかし、信徒除名処分を受けるや、浅井は「広布以前に事の戒壇はない」と言い出したのです。

27　日寛上人はじめ御歴代上人も広布以前の戒壇の大御本尊ましまする大石寺を「義の戒壇」とされている。（基礎教学書　三三二〜三三四趣意）

日寛上人の『法華取要抄文段』には、

義理の戒壇とは、本門の本尊の所住の処《ところ》は即《すなわ》ち是《こ》れ義理、事の戒壇に当たるなり

（御書文段　五四二B）

とあり、本門の本尊が所住する処は義の戒壇であり、その義理は事の戒壇に当たると仰せられています。浅井はこの御文をもって、本門戒壇の大御本尊所住の処であっても、広布以前は義の戒壇であると主張するのです。

しかし、この日寛上人の御文にある「本門の本尊」とは、広義における本尊であって、「本門戒壇の大御本尊」を指しているのではありません。

その証拠として、日寛上人は同文段に、

広宣流布の時至《いた》れば一閻浮提の山寺等、皆嫡々《ちゃくちゃく》書写の本尊を安置す。其《そ》の処は皆是れ義理の戒壇なり。然《しか》りと雖《いえど》も仍《なお》是《こ》れ枝流《しりゅう》にして、是れ根源に非《あら》ず。正《まさ》に本門戒壇の本尊所住の処、即ち是れ根源なり（同　五四三A）

と、本門戒壇の大御本尊所住の処を「根源」、その他の御本尊安置の処を「枝流」というように、明確に区別されています。

さらに、日寛上人の御指南である『三大秘法之事』に、

本門戒旦 ⌒ 在々処々本尊安置之処ハ理ノ戒旦也
　　　　　冨士山戒旦之御本尊御在所ハ事ノ戒也

（傍線編者・日相上人筆記・達全　二―六―四二六）

とあり、富士大石寺に厳護される戒壇の大御本尊の在所は事の戒壇であるのに対し、それ以外の御本尊が安置される処は義（道理）の戒壇であると教示されています。

なお、この御教示の「冨士山戒旦之御本尊」について、浅井は、

広布の暁・富士山に建てられる戒壇の大御本尊

（正本堂の誑惑を破し懺悔清算を求む　一八六）

と、無理矢理に「広布の暁」の戒壇と解釈していますが、対比される御文は「在々処々本尊安置之処」とあり、広布の暁というような前提条件はついていないものなのです。その上、広布の暁に建てられる本門寺の戒壇を「御在所」と表現するはずはないのです。

これらのことからも、日寛上人が広布以前であっても、本門戒壇の大御本尊ましﾏす所を事の戒壇と仰せられたことは間違いないのです。

正本堂篇

28　正本堂は国立戒壇を否定するために建てた偽《にせ》戒壇・魔の殿堂《でんどう》である。
（顕正新聞　平成三一年一月五日号三面趣意、平成二三年六月五日号三面等趣意）

正本堂を「偽戒壇・魔の殿堂」と言うならば、浅井甚兵衛・昭衛父子は、なぜ正本堂での御開扉を願い出たのでしょうか。

それについて、妙信講（当時）発行の『冨士』（昭和五〇年五月号五五・五七）には、浅井父子が昭和四十八年五月と昭和四十九年四月の二回にわたって正本堂での御開扉を願い出たことが記載されています。

また「正本堂は国立戒壇を否定するために建てた」などと言っていますが、「国立戒壇」などはもともと日蓮正宗にない教義であり、言葉です。存在しない教義や言葉を否定するためにわざわざ正本堂を建てるわけがありません。

このようなことを主張する浅井昭衛は、我見《がけん》に執《とら》われた誇大《こだい》妄想という他ないのです。

29
細井管長は「此《こ》の正本堂が完成した時は、大聖人の御本意も、教化《きょうけ》の儀式も定まり、王仏冥合《みょうごう》して南無妙法蓮華経の広宣流布であります」（大白蓮華　昭和四三年一月号一三）と、正本堂を御遺命《ゆいめい》の戒壇と断定しているではないか。
（基礎教学書　三一八等趣意）

ここに挙げられる日達上人のお言葉は、創価学会の機関誌『大白蓮華』昭和四十三年の新年号に掲載されたものです。

当時の創価学会の折伏の進展は目を瞠《みは》るものがあり、すべての宗門人が広宣流布間近の感を抱いていました。当時の宗内僧俗は大きな喜びをもって正本堂の完成を待望《たいぼう》していたのです。日達上人は、そのことを見そなわし、正本堂の完成の時は大聖人の御本意に適い、教化・化導の方軌も確定し、「王仏冥合して南無妙法蓮華経の広宣流布」である旨《むね》を仰せられたのです。

しかし、正本堂に関する日達上人の御本意は、昭和四十七年四月二十八日の「訓諭《くんゆ》」に尽きます。その「訓諭」では、

現時にあっては未《いま》だ謗法の徒多きが故に、安置の本門戒壇の大御本尊はこれを公開せず、須弥壇《しゅみだん》は蔵の形式をもって荘厳し奉るなり（中略）未来において更に広布への展開を促進

し（達全二―一―三、大日蓮　昭和四七年六月号二）

と、今はまだ謗法の徒が多く、真の広宣流布は未来のことであると明確に御指南されています。

なお、浅井は日達上人が正本堂を御遺命の戒壇と断定していると非難していますが、日達上人が御書写された昭和四十九年九月二十日の賞与御本尊の裏書《うらがき》に、

此《こ》の御本尊は正本堂が正しく三大秘法抄に御遺命の事《じ》の戒壇に準じて建立されたことを証明する本尊也（傍線編者・本尊裏書）

と、正本堂はあくまでも御遺命の事の戒壇に準ずるものであって、直ちに御遺命の事の戒壇ではないと明示されています。

したがって、浅井が言うように、日達上人が正本堂を御遺命の戒壇と断定したなどということは全くないのです。

30　昭和四十五年以降、細井管長を諫暁《かんぎょう》したが、細井管長は私と会えば本心を取り戻し、池田大作と会えばまたその悪に与《くみ》するという、無節操《せっそう》な行動を繰り返した。

（顕正新聞　令和元年五月五日号三面趣意、基礎教学書　三三五趣意）

ここで浅井昭衛は日達上人の「本心」が「国立戒壇」であるとばかりに主張していますが、これについて日達上人は、昭和五十年七月五日に、詳細に御指南されています。

その御指南とは、

この数年間、いろいろな出来事もありましたが、とにかく元妙信講の一件ほど不愉快《ゆかい》、かつ迷惑なことは他にありません。

また、本宗七百年の歴史の間、魔がつけ入《い》らんとして幾度か異流義《いりゅうぎ》も出ましたが、しかし元妙信講ほど無体《むたい》な、そして卑劣なものは例を見ないと思うのであります。

およそ人たるもの、自分の信念を述べるに当《あた》って、あくまで自分の意見として公にすべきであると思うのであります。

宗門の公式見解はこうなっているが自分の意見はこうである、というように、正々堂々と述べるべきであります。ところが浅井昭衛は、法主である私の名前を利用し、〃私が浅井親子だけに内意を打明《うちあ》けた〃と宣伝しておるのであります。浅井個人の考えに私の考えであるというレッテルを貼られては、私としてはたまったものではありません。しかもその内容が私が公の席で、手続《てつづき》をふんだ上でそれこそ何度も何度も口がすっぱくなるほど繰り返し言明した旨《むね》と正反対であるというのですから、なおさら許せません。

いうなれば、私がうその訓諭《くんゆ》や説法をして全世界の人々をあざむいているということになってしまいます。

そんなことがあるはずのないことは常識ある方々には、すぐ分ってもらえると思います。

仮に私が本心を打ち明けるにしても、よりによって、講頭父子にすぎぬ浅井ごときまったく信用の置けない人物に打ち明けようはずのないことは自明の道理でありましょう。

しかしながら、元妙信講の中で今なお浅井についておる人々はどうも洗脳されて頭がおかしくなっておるらしい。ふだんから寺院と切りはなされて浅井の言うことが私の言うことだときかされていたためか今になっても正しいチャンネルの切りかえができないらしく、浅井の荒唐《こうとう》無稽《むけい》な話を信じてさわいでおるから困ったものであります。

私も法主という立場上、総本山に種々のしきたりがあり、みだりに人に会うことも難しい地位にあります。

そのことを利用して何も知らない人たちを〝国立戒壇こそ法主の内意である〟などとあざむくことは卑劣この上ないやり方であり、宗門史上かつてない猊座《げいざ》に対する冒涜《ぼうとく》であると思うのであります（達全 二―六―四二二、大日蓮 昭和五〇年九月号一九）

というものであり、ここで日達上人は、「国立戒壇」はご本心ではないと明確に仰せられているのです。

31
細井管長は昭和四十五年の霊宝虫払大法会《むしばらいだいほうえ》の説法で、『三大秘法抄』に御遺命の戒壇を「未来の大理想として信じ奉る」と仰せられたが、これは正本堂が御遺命の戒壇ではないとする言葉であり、これ（御説法）こそが細井管長の御本意ではないか。
（基礎教学書　三三一・三三五趣意、顕正新聞　令和元年六月五日号四面趣意）

日達上人は昭和四十五年の霊宝虫払大法会の御説法において、広宣流布達成時に建立される本門寺の戒壇について、『三大秘法抄』を引かれ、

有徳《うとく》王・覚徳比丘《びく》のその昔の王仏冥合《みょうごう》の姿を末法濁悪《じょくあく》の未来に移し顕《あら》わしたならば、必ず勅宣並《ちょくせんならび》に御教書《みぎょうしょ》があって霊山《りょうぜん》浄土に似たる最勝の地を尋《たず》ねられて戒壇が建立《こんりゅう》出来るとの大聖人の仰せでありますから私は未来の大理想として信じ奉るのであります
（昭和四五年四月六日　霊宝虫払大法会御説法・宗務院文書）

と御指南されました。
浅井は、このお言葉が、正本堂と未来の大理想の戒壇とは異なると御指南されたものと理解し、それを指して「本心吐露《とろ》」（基礎教学書　三三五）と言っています。

しかし日達上人は、その同じ御説法のなかで、

今将《まさ》に世間で噂されておる国立戒壇などと云《い》う言葉に惑《まど》わされず、ただ広宣流布の時に始めてできる戒壇であります。それが王立であろうが国立であろうが民衆立であろうが、全ての正信の信者が集まって戒壇の大御本尊を拝し奉る処《ところ》こそ、何処でも事の戒壇でございます。富士山本門寺とは、当山であります。当山が大石寺と称しているのは、未《いま》だ広宣流布せざる間は暫《しば》く大石寺と称しているのでありまして、時来《きた》らば本門寺と名乗るべきであります（昭和四五年四月六日　霊宝虫払大法会御説法・宗務院文書）

と仰せられ、浅井の言う「国立戒壇」は本宗の教義にないものであり、理想の大戒壇は大石寺に建立されることを明確に御指南されています。

32　細井日達（上人）・阿部日顕（上人）は、正本堂を「御遺命の戒壇」に仕立て上げるために「事の戒壇」の定義を変更したのではないか。

（基礎教学書　三三一～三三五趣意、

顕正新聞　平成三一年四月五日号二～五面趣意）

日達上人は、正本堂に本門戒壇の大御本尊を御安置する意義の上から「現時における事の戒壇」（訓諭・昭和四十七年四月二十八日）と定義されましたが、この御指南は本門戒壇の大御本尊在《ましま》す所は、どこであっても事の戒壇とする、という本宗伝統の教義に基づくものであり、浅井が言うような「正本堂を御遺命の戒壇に仕立て上げるために事の戒壇の定義を変更した」などというものではありません。

その証拠として、次の三文を挙げます。

①第二十六世日寛上人御指南（『三大秘法之事』）

本門戒旦 ─┬─ 在々処々本尊安置之処ハ理ノ戒旦也
　　　　　└─ 冨士山戒旦之御本尊御在所ハ事ノ戒也

（傍線編者・日相上人筆記・達全　二―六―四二六）

②第五十二世日霑上人御指南（『三大秘法談』）

未タ廣布ノ時不レ至ラ事相ノ戒旦御建立ナシトイヘドモ此ノ道場即是レ事ノ戒旦真ノ霊山事ノ寂光ニシテ一度《ひとたび》モ此ノ砌ニ望マン輩ハ無始ノ罪障忽《たちま》チニ消滅シテ三業ノ悪轉《てん》ジテ三徳ヲ成ゼンコト毛頭疑アルベカラズ（研教　二三―四一八）

③第六十世日開上人御指南（『御戒壇説法』）

其《そ》の戒壇堂に安置し奉る大御本尊、今眼前に当山に在《ましま》す事なれば、此ノ所即是《すなわちこれ》本門事の戒壇、真の霊山、事の寂光にして、若《も》し此《こ》の霊場に一度も詣《もう》でん輩《やから》は、無始の罪障速やかに消滅し、三業の悪転じて三徳を成ぜん事、毛頭疑いあるべからず（日開上人全集　六）
これら御歴代上人の御指南に明らかなように、広布以前においても、古来、本門戒壇の大御本尊在す所は、事の戒壇と称してきたのです。

33　阿部日顕（上人）は『三大秘法抄』を次のごとくねじ曲げた。
「王法」を「政治をふくむあらゆる社会生活の原理」と歪曲《わいきょく》し、
「王臣」を「民衆」とたばかり、
「有徳王」を「池田先生」と諂《へつら》い、
「勅宣並びに御教書」を「建築許可証」と偽り、
「霊山浄土に似たらん最勝の地」を「大石寺境内《けいだい》」とごまかし、
「時を待つべきのみ」を「前以《もっ》て建ててよい」などとねじ曲げた。
（顕正新聞　平成三一年四月五日号二面趣意、基礎教学書　三八四・四四六趣意）

これは主に、日顕上人が教学部長時代に執筆された『国立戒壇論の誤りについて』と『本門事の戒壇の本義』という著述の内容についての誹謗《ひぼう》ですが、全く見当違いの暴言です。

正本堂建立当時は、創価学会を中心に、八百万という広宣流布進展の成果があり、広宣流布も間近であるという機運が宗門に高まっていました。そうしたなかで、本門戒壇の大御本尊の御威徳《いとく》を、広く世界に知らしめるべき大殿堂を建立するということとなり、当時の状況を『三大秘法抄』『一期弘法付嘱書』の御文に擬《なぞら》えて、『国立戒壇論の誤りについて』や『本門事の戒壇の本義』において、試みの解釈がなされたのです。

しかし、それは日達上人の「訓諭」における「一期弘法付嘱書並びに三大秘法抄の意義を含む」（設問42参照）という御指南の御意を拝して解釈されたものであり、日顕上人が勝手に「ねじ曲げた」などというものではありません。

①「王法」について

第六十五世日淳上人は、

王法仏法に冥《みょう》じ、仏法王法に合してと仰せ玉ふは王法とは国王が政治を行ふその拠《よ》りどころである法であります。また一般世間の法にも通ふところで、仏法の出世間《しゅっせけん》法なるに対し世間法を意味せられるのであります（淳全　四八七）

と、広く世間法を含むことを教示されています。したがって、現在においては王法を、

政治をふくむあらゆる社会生活の原理（国立戒壇論の誤りについて　三九）

と解釈するのは至極《しごく》当然です。

②「王臣」について

顕正会はあくまで日本の王は天皇であり、天皇の勅宣《ちょくせん》が広宣流布の必須条件であると主張しています。しかし、現在の天皇は日本の象徴であり、一国の主権者は国民一人一人です。この意味からして、

現代では、民衆が王であるとともに臣である（同　五一）

と言われたのは当然のことです。

③「有徳王」について

これは教学部長時代の日顕上人が昭和四十一年の第二十九回学会本部総会の祝辞（大日蓮昭和四一年六月号一五）において、有徳王・覚徳比丘《びく》の例を挙げて、僧俗のあるべき姿を称賛する意味で引用されたものであって、『三大秘法抄』の意義を正式に解釈されたものではありません。池田大作に対して、日達上人および宗門をさらに外護《げご》するよう激励されたのです。

④「勅宣・御教書」について

勅宣や御教書は、為政者《いせいしゃ》が命令をしたり認可を与える際に発布《はっぷ》する令書です。『三大秘法抄』の「勅宣・御教書」にも、建設に対する為政者の許認可という意味合いが含まれています。

したがって、「勅宣・御教書」を、あえて「建築許可証」と解釈されたのです。

しかし、後に日顕上人は、

勅宣・御教書は、その現代的な拝し方としても、そういう軽々しいものとして考えるべきではなく、もっと深い背景的意義を拝すべきと思うのです

（近現代における戒壇問題の経緯と真義九八）

と仰せられています。

⑤「時を待つべきのみ」を「前以て建ててよい」などとねじ曲げた

昭和四十七年四月二十八日、日達上人は宗内全般に対して、

正本堂は、一期弘法付嘱書並びに三大秘法抄の意義を含む現時における事の戒壇なり。即《すなわ》ち正本堂は広宣流布の暁に本門寺の戒壇たるべき大殿堂なり。但《ただ》し、現時にあっては未《いま》だ謗法の徒《と》多きが故に、安置の本門戒壇の大御本尊はこれを公開せず、須弥壇《しゅみだん》は蔵の形式をもって荘厳し奉るなり（達全　二―一―三、大日蓮　昭和四七年六月号二）

と「訓諭」を発令されました。

これについて、当時の阿部教学部長（日顕上人）の『国立戒壇論の誤りについて』に、

従って正本堂は現在直ちに一期弘法抄、三大秘法抄に仰せの戒壇ではないが、将来その条件が整ったとき、本門寺の戒壇となる建物で、それを今建てるのであると、日達上人が明《めい》鑑《かん》あそばされ、示されたのが此の度の訓諭であろう（該書　六四）

と解釈しました。

これは、正本堂建立時は謗法の徒が多く、広宣流布の達成ではないものの、いよいよ折伏弘通に励み、近く広宣流布を達成して、名実ともに正本堂を御遺命の戒壇にするという、宗門僧俗の願望を、正本堂に込められたものです。

⑥「霊山浄土に似たらん最勝の地」を「大石寺境内」とごまかしている

大石寺が本門戒壇建立の地であることについては、日興上人の『富士一跡門徒存知事』に、

駿河国《するがのくに》富士山は広博《こうばく》の地なり。一には扶桑《ふそう》国なり、二には四神相応《しじんそうおう》の勝地なり（御書　一八七三）

とあり、本門戒壇は四神相応の地に建立すべきことを御教示されています。

第五十九世日亨上人は、四神相応を検討されて、

ここの地は、河合《かわい》よりやや朗開《ろうかい》せるも、半里をへだつる大石が原の景勝にしかず。ただちに富嶽《ふがく》を負い駿湾《すんわん》をのぞみ、一望千里曠宏《こうこう》たる高原にして、なお原始の処女林あり。加うるに大道あり河沢《かたく》あり、四神相応の霊地なり（詳伝　二四一）

と、大石寺が四神相応の霊地であると判じられ、大石寺こそが本門戒壇建立の地であることを御教示されています。

また、顕正会の前身である妙信講機関誌の『富士』にも、

下条より約半里ほど離れた北方に大石ヵ原という茫々《ぼうぼう》たる平原がある。後には富士を背負い、前には洋々たる駿河湾をのぞみ、誠に絶景の地であり、日興上人はこの地こそ、本門戒壇建立の地としての最適地と決められ、ここに一宇《う》の道場を建立されたのである。かくて、日興上人は弘安二年の戒壇の大御本尊をここに厳護されると共に、広宣流布の根本道場として地名に因《ちな》んで多宝富士大日蓮華山大石寺と号されたのである。これが日蓮正宗富士大石寺の始《はじま》りである（冨士　昭和三九年九月号二三）

との記述があります。

過去には妙信講も、大石寺こそ本門戒壇建立の地であると断じていたのであり、浅井の「霊山浄土に似たらん最勝の地を大石寺境内とごまかし」という誹謗《ひぼう》は、自分たちの過去の言葉に言いがかりを付けているに過ぎません。

34

阿部日顕（上人）の「言い過ぎやはみ出しがあった」との発言は、反省の弁であり、間違いを認めたということである。「言い過ぎやはみ出し」で許されるならば、法華経を誹謗した法然の「捨閉閣抛《しゃへいかくほう》」も、弘法《こうぼう》の「第三の劣・戯論《けろん》」も、慈覚の「理同事勝《りどうじしょう》」も、みな許されることになるではないか。

（基礎教学書　四四六趣意、顕正新聞　平成三一年四月五日号三面趣意）

日顕上人は正本堂建立当時を振り返って率直《そっちょく》に、

戒壇の建物は広布完成前に建ててよいとか、正本堂が広布時の戒壇の建物と想定するような、今から見れば言い過ぎやはみ出しがある

（近現代における戒壇問題の経緯と真義　九七）

と仰せられています。

これは「今から見れば」とのお言葉に明らかなように、池田大作・創価学会の大謗法《ほうぼう》が明確になった現在より当時を振り返れば、言い過ぎやはみ出しがあったという意味ですが、だからと言って日顕上人の当時の文言に教義的な間違いがあったということではありません。まして謗法などという性質のものではありません。

それを浅井昭衛は、強引に邪教徒の悪義である捨閉閣抛・第三戯論・理同事勝などと並べて誹謗中傷《ちゅうしょう》をしていますが、このような解釈は大聖人の仏法を深く理解できない短絡的な考えと言わざるを得ません。

35
「正本堂がなくなった今となっては、すべてが空論である」とは、何と恥知らず、無道心、無責任な発言か。
（基礎教学書　四四六趣意、顕正新聞　平成三一年四月五日号三面趣意）

正本堂は創価学会の謗法化により解体されました。

現在、本門戒壇の大御本尊は奉安堂に御安置されています。

正本堂の建立は、日蓮正宗の歴史の一部ですが、未来広布に向かって進む宗門僧俗にとって既に過去のものであり、それについての議論は空論以外の何ものでもありません。

正本堂のことが空論化してしまっては、顕正会の拠《よ》り所がなくなってしまうため、浅井昭衛は未練《みれん》がましく、いつまでも正本堂に執着《しゅうじゃく》し、守株《しゅしゅ》し続けているのです。

36　宗門は、偽《にせ》戒壇・正本堂のたばかりが露見《ろけん》することを恐れ、顕正会を解散処分にした。（顕正新聞　平成三一年一月一五日号二面趣意、御遺命守護の戦い・冨士　昭和五九年八・九・一〇月合併号一八五～一八七趣意）

妙信講（のちの顕正会）が解散処分になったのは「国立戒壇」に固執《こしゅう》し、度重《たびかさ》なる御法主上人の御指南に反逆し、宗務院の命令に背き、本宗信徒としての信心を失ったからです。それ以外の何ものでもありません。

宗門から当時の妙信講に宛てた『宣告書』（大日蓮　昭和四九年九月号八）は次のとおりです。

宣告書

東京都板橋区常盤台一丁目十六番六号
日蓮正宗法華講支部　妙信講
講頭　浅井甚兵衛

一、主文　講中解散に処する。
右妙信講は、数年来「国立戒壇の名称を使用しない」旨の宗門の公式決定に違反し、更にまた昭和四十七年四月二十八日付「訓諭《くんゆ》」に対して異義を唱え、数度に及ぶ宗務院の説得、誡告《かいこく》等にも従わず、かえって宗務院並びに他の信徒に対して非難中傷を加え、機関誌の大量配布、デモ行進などを行なった。

これは、宗門の秩序と統制を乱す行為であり、甚《はなは》だ許し難《がた》いものである。

従って、七月三十一日付をもって弁疏《べんそ》の提出を求めたところ、八月七日文書の提出があり、その内容を検討したが、右行為を正当とする事由は見当らず、また情状酌量《しゃくりょう》の余地も全くないものである。

よって宗規第百六十四条（旧第百六十一条ノ三）の二号の処分事由に該当するものと認め、頭書の如く処分する。

昭和四十九年八月十二日

日蓮正宗管長　細　井　日　達　㊞

37 「正本堂建立御供養趣意書」には、「正本堂建立は、実質的な戒壇建立であり、広宣流布の達成である」（大日蓮　昭和四〇年五月号一四）と記されているが、浅井先生はその趣意書の存在さえ知らなかった。

昭和四十年三月二十六日付の「正本堂建立御供養趣意書」に、正本堂建立の位置について、

大御本尊は客殿の奥深く安置する（大日蓮　昭和四〇年五月号一五）

とありますが、浅井昭衛は昭和四十年五月二十五日の総幹部会の席上、

猊下の深い御思召《おぼしめし》により大客殿の奥深き正本堂へとお出ましになるのであります

（冨士　昭和四〇年七月号九）

と言っています。この「客殿の奥深く」という言葉は、宗門においても特殊な表現であり、「趣意書」を読まなければ出てこないものです。

さらに浅井は、

全講を挙げて歓喜の御供養をさせて頂こうではありませんか（同）

と、御供養に参加するよう強力に指導しており、この発言は「正本堂建立御供養趣意書」を知っていたからこそ、なされたものと言うべきです。

これらのことから、浅井が昭和四十年五月ごろには「正本堂建立御供養趣意書」の存在も、内容も熟知していたことは明らかです。

38

正本堂の御供養には妙信講も参加した。今日から見れば、なぜこれに参加したのか不思議に思う人もいようが、当時はまだ誑惑《おうわく》が顕著ではなかった。

(顕正会「試練と忍従」の歴史・冨士　昭和六一年八月号五三)

この言葉は、当時の妙信講が正本堂の御供養に参加したことに対する言い訳です。ここで言う「誑惑」とは、正本堂を実質的な戒壇とすることを指しているのでしょうが、当時の浅井昭衞は、第一回正本堂建設委員会の日達上人の御指南、および「正本堂建立御供養趣意書」の趣旨に感激して、

意義重大なる正本堂(中略)宗門全体の重大な慶事に、妙信講も宗門の一翼《いちよく》として講中《こうじゅう》の全力を挙げ真心を込めて猊下《げいか》に御供養をさせて頂く事になりました。(拍手)

(冨士　昭和四〇年七月号八)

と講員を激励し、さらに妙信講の方針として、

正本堂建立の御供養が発表され、各組織を通してその意義と根本精神の徹底が図られています。この御供養は、宗門の歴史をつらぬく大事で、猊下を通して戒旦の大御本尊様への御奉公であり、私達の生涯に二度とはない大福運《ふくうん》であります（同一一）

と、御供養を啓蒙していたのです。ちなみに「趣意書」には、

正本堂建立は、実質的な戒壇建立であり、広宣流布の達成である

（大日蓮　昭和四〇年五月号一四）

と明記されていました。

当時、正本堂が実質的な戒壇の意義を持っていたとする、これほど明白な文言を、浅井が今さら知らなかったなどの言い逃れは通用しません。

39

昭和四十二年十月の正本堂発願《ほつがん》式で池田大作は「発誓願文」に「夫《そ》れ正本堂は末法事の戒壇にして、宗門究竟《くきょう》の誓願之《これ》に過《す》ぐるはなく、将又《はたまた》仏教三千余年、史上空前の偉業なり」と断言した。明らかな御遺命破壊の発言である。宗門はこれを黙認《もくにん》したではないか。

（顕正新聞　令和元年五月五日号三面趣意、基礎教学書　三一六～三一七趣意）

当時の池田大作は法華講総講頭であり、日蓮正宗信徒の代表でした。正本堂は日蓮正宗僧俗が未来に本門寺の戒壇たることを願望して建立するのですから、日達上人としては、願望として、こうした言動をも見守ったということです。

ただし日達上人は、当時の池田の行き過ぎた言動に対して、折に触れて教導・指南あそばされていました。

40　「正本堂発願式」で高僧たちは口々に正本堂が御遺命の戒壇になると言っている。これは、宗門が創価学会に与同《よどう》し、御遺命違背を犯してきたことになるのではないか。（基礎教学書　三一九〜三二一趣意）

顕正会は、宗門に対して口癖のように「御遺命違背」と言いますが、もっとも大事な御遺命とは、本書の冒頭《ぼうとう》（4頁）にも述べたとおり、宗祖以来の血脈相伝に随順することです。その肝心要《かなめ》の御遺命に違背しているのは、浅井が率いる顕正会です。

日達上人は、昭和四十年二月十六日の第一回正本堂建設委員会において、

末法の今日、まだ謗法《ほうぼう》の人が多い（達全一—三—三九四、大日蓮　昭和四〇年三月号一一）

と仰せられ、また正本堂落慶《らっけい》の年、昭和四十七年四月二十八日の正本堂の意義についての「訓諭」でも、

正本堂は広宣流布の暁に本門寺の戒壇たるべき大殿堂なり。但《ただ》し、現時にあっては未《いま》だ謗法の徒多きが故（中略）未来において更《さら》に広布への展開を促進し（達全　二—一—三、大日蓮　昭和四七年六月号二）

と、今はまだ広宣流布の暁ではない、その途上《とじょう》であるという趣旨を明確に述べられました。

宗門僧俗もその御指南に信伏随従し、当時、宗内にみなぎっていた広宣流布間近という雰囲気もあり、前代未聞の大伽藍《がらん》が建立されるという慶事《けいじ》につけ、さらに創価学会の精進・努力に対して最大限の賛辞《さんじ》をもって表現したということです。

宗内僧俗は、正本堂の発願《ほつがん》式が、真の広布を目指す新たな出発の時として、今後一層の折伏弘教に邁進《まいしん》することを固く誓ったのです。

それはまた、日蓮大聖人の御遺命である「広布を目指して精進せよ」との御教示の実践でもあります。

したがって、宗門の僧侶が御遺命の違背を犯したなどということは、全く当たりません。

41　宗会議員菅野慈雲（師・当時）が、「正本堂建立は即《すなわ》ち事《じ》の戒壇であり、広宣流布を意味するものであります。この偉業こそ、宗門有史以来の念願であり、大聖人の御遺命であり、日興上人より代々の御法主上人の御祈願せられて来た重大なる念願であります」（正本堂発願式の砌・大日蓮　昭和四二年一一月号四九）と言って、御遺命違背をしたではないか。（基礎教学書　三二〇〜三二一趣意）

当時の宗内僧侶の正本堂に関する発言については前項で説明していますが、正本堂が「事の戒壇」に当たることは、御歴代先師上人の御指南（設問26参照）を踏まえた上での日達上人の昭和四十七年四月二十八日の「訓諭《くんゆ》」、

現時における事の戒壇なり（達全　二―一―三、大日蓮　昭和四七年六月号二）

との仰せによって明確です。

また、八百万人とも言われるまでの信徒の増加に伴《ともな》い、本門戒壇の大御本尊の御威徳《いとく》を顕《あらわ》すような大伽藍《がらん》を建立して、そこに大御本尊を御安置し、大勢の信徒が御開扉を受けることができるという未曾有《みぞう》の出来事が現実にあらわれたのです。

それは紛《まぎ》れもなく広宣流布進展の事相であって、御歴代上人が等しく願われていたことに他

なりません。

これを称賛する言葉が御遺命違背に当たるなどということはありません。

42

（日達上人の昭和四十七年四月の）訓諭の意味するところは、「正本堂は、広宣流布以前に建てておいた御遺命の戒壇である」というものです。前もって建てておくとは何事か。このこと自体が、とんでもない御遺命違背である。

（顕正新聞　令和元年五月五日号四面）

日達上人は、昭和四十七年四月二十八日、「訓諭」を発令されました。そのなかで、

正本堂は、一期弘法付嘱書並びに三大秘法抄の意義を含む現時における事の戒壇なり。即ち正本堂は広宣流布の暁に本門寺の戒壇たるべき大殿堂なり

（達全　二―一―三、大日蓮　昭和四七年六月号二）

と仰せられましたが、浅井はこの文を取り上げて、「広宣流布以前に御遺命の戒壇を建てておくとは何事か」（趣意）と非難《ひなん》しているのです。

しかし日達上人は、この御文のなかで「本門寺の戒壇たるべき大殿堂なり」と仰せられてお

りますが、この「たるべき」との言葉は「確定」ではなく、「将来の願望」を意味するものであり、正本堂を直ちに広宣流布の暁に建立《こんりゅう》される本門寺の戒壇と決定したものではありません。

なお、昭和四十七年十月二十二日の妙信講第十五回総会において浅井は、

正本堂は立派に完成いたしました。そして、法義的には妙信講の必死の諫訴《かんそ》により、辛《かろう》じて、未《いま》だ三大秘法抄・一期弘法抄の御遺命の戒壇ではないと訂正はされた。そして恐れ多くも大聖人様の御魂であらせられる戒壇の大御本尊様は出御《しゅつぎょ》あそばされた

（冨士　昭和四七年一一月号六）

と述べ、ひとたびは「訓諭」の意義に納得していたのです。

また、許されなかったものの、昭和四十八年と昭和四十九年の二度にわたり、正本堂での御開扉を願い出ています（同　昭和五〇年五月号五五・五七参照）。

浅井が言うように正本堂が御遺命違背ならば、御開扉を願い出ることは自語相違です。

43

日蓮正宗公式サイトに「池田は正本堂着工大法要の折『この法華本門の戒壇たる正本堂』と発言し、正本堂が大聖人御遺命の事《じ》の戒壇であることを表明した。しかしそれは、日蓮正宗の法義から逸脱したものであり、池田が自分こそ大聖人の御遺命達成者であると見せかけるための詐言《さげん》であった」（趣意）とあるが、宗門はなぜ池田の御遺命違背を黙認《もくにん》していたのか。

ここで引用されている日蓮正宗公式サイトの一文は、宗務院発行の『―新興宗教「創価学会」―「会則」改変の欺瞞《ぎまん》を糾《ただ》す』のなかで、創価学会が日蓮正宗の信徒団体として出発しながら、池田の慢心によって謗法化《ほうぼう》した経緯について述べた箇所です（該書　九）。顕正会ではこの箇所を取り上げて、宗門が池田の御遺命違背を黙認《もくにん》していたかのごとく非難しています。

時の御法主上人は、大局的な見地《けんち》より宗内の僧俗を正道に導くために心血《しんけつ》を注《そそ》がれています。正本堂建立当時、日達上人が創価学会を率いる池田大作に対し、種々訓誡《くんかい》・教導されたことは間違いのない事実です。その上で、昭和四十三年・正本堂着工大法要の池田の発言に対しても、日達上人が黙認されたということはありません。

一宗を教導される御法主上人が宗内僧俗に対して、いつ、どのように教導なさるかは御法主上人の一存にかかっていることです。

現在、宗門から擯出《ひんずい》された謗法《ほうぼう》の徒輩《とはい》が嘴《くちばし》を差し挟《はさ》む事柄ではありません。

44　阿部日顕（上人）は池田大作と結託《けったく》して「本門寺改称」の陰謀《いんぼう》を企《くわだ》てた。（基礎教学書　四二八趣意）

「陰謀」とは、密《ひそ》かに悪事を企《たくら》むことですが、日顕上人が池田大作と結託して悪事を企むなどあろうはずがありません。

日顕上人は平成二年の大石寺開創七百年慶讃《けいさん》大法要において、

名実共《とも》ナル大本門寺ノ寺号公称ハ事ノ戒法ノ本義更ニ未来ニ於《お》テ一天四海ニ光被《こうひ》セラルヘキ妙法流布ノ力作《りきさ》因縁ニ依《よ》ルヘシ（大日蓮　平成二年一一月号八七）

と仰せられ、本門寺改称は未来のことであると明言されています。

のちに日顕上人は、

私は信念を持っているのです。いくらなんでも、あのような間違った流れや様々な形のあったなかで、しかも池田のわがまま勝手な姿の色々と存するなかにおいて、今現在、直ちに

「本門寺の戒壇」と称すべきではないと思っていました。しかし池田は（中略）私が「大石寺を本門寺と改称したい」とか、「改称する」と言うことを期待していたと思うのです（中略）私は一宗を統率させていただくという意味において、安易に「本門寺と改称する」などとは言えないし、また、あそこで「本門寺にする」とか、「本門寺になる」というような意味のことを言わなくて、私はよかったと思っておるのであります

（近現代における戒壇問題の経緯と真義　九四）

と正直に述べられています。

つまり、自らの名誉のために本門寺改称を望んでいたであろう池田の慢心を、日顕上人が退けられたというだけのことです。

御開扉篇

45 戒壇の大御本尊は広布の暁まで秘蔵厳護《ひぞうげんご》し奉るべきである。
（基礎教学書 二四三・四四八、顕正新聞 平成三〇年一一月五日号一・二面趣意）

日蓮正宗とは無関係の謗法《ほうぼう》団体に、本宗の大御本尊について心配してもらう必要はありません。

本門戒壇の大御本尊は、本宗信仰の根本の御尊体として、総本山大石寺奉安堂に厳護されています。

また第二十六世日寛上人は『寿量演説抄』に、

未《いま》だ時至らざる故に直《ただ》ちに事《じ》の戒壇之《こ》れ無しと雖《いえど》も、既《すで》に本門の戒壇の御本尊在《まし》ます上は其《そ》の住処は即戒壇なり。其の本尊に打ち向《むか》い戒壇の地に住して南無妙法蓮華経と唱ふる則《とき》は本門の題目なり。志有《あ》らん人は登山して拝し給《たま》へ

（歴全 四―一四五、富要 一〇―一三一）

と仰せられ、純信の徒《と》に対して大石寺へ登山の上、大御本尊への内拝を勧められているのです。

浅井が総本山大石寺での御開扉に言いがかりをつけることは、まさしく日寛上人の御指南を足蹴《あしげ》にする行為と言うべきです。

46　第五十九世日亨上人は、本門戒壇の大御本尊を秘蔵厳護すべきだと仰せられているではないか。（顕正新聞　平成三〇年一一月五日号二面趣意）

日亨上人は、戒壇の大御本尊への内拝について、
開山上人は、これ（大御本尊※）を弘安二年に密附《みっぷ》せられて、正しき広布の時まで苦心して秘蔵せられたのであるが、上代《じょうだい》にはこのことが自他に喧伝《けんでん》せられなかったが、いずれの時代（中古か）からか、遠き広布を待ちかねて特縁により強信《ごうしん》により内拝のやむなきにいたり、ついには今日のごとき常例となったのは、もったいない事である（中略）開山上人より三祖日目上人への富士総跡の御譲《ゆず》り状にも「日興が身に充《あ》て給《たま》はる所の弘安《こうあん》二年の大御本尊」として、戒壇本尊とは書かれなかったのは、大いにこの味わいがある
（※編者注・詳伝　二七七）

と御指南されています。

浅井は、日亨上人の「もったいない」とのお言葉を、御開扉を制止したものと曲解《きょっかい》しています。しかし、ここで仰せの「もったいない」とは、古来総本山において相伝・厳護されてきた大御本尊を内拝できることが、「おそれ多く、かたじけない」ことであるとの意であり、御開扉を中止して大御本尊を秘蔵すべきであるということではありません。むしろ、このお言葉は報恩謝徳《ほうおんしゃとく》の念をもって御開扉をいただくよう教導されているのです。

なお、日亨上人はもとより、御歴代上人は僧俗の願いを容《い》れて大御本尊への内拝を許してこられました。顕正会の邪難は、大御本尊の内拝を許されない謗法《ほうぼう》団体が、思いつきで誹謗《ひぼう》しているに過ぎないのです。

47　御開扉は金儲《もう》けであるから即刻中止せよ。
（基礎教学書　四四八趣意、顕正新聞　平成三〇年一一月五日号一・二面趣意）

総本山における御開扉は、日蓮正宗の僧俗が、日蓮大聖人の御法魂《ほうこん》・御法体《ほったい》に在《まし》ます本門戒壇の大御本尊への内拝を願い出、その篤信《とくしん》の志を受けられた御法主上人が大慈悲をもって許されるものなのです。その際、報恩感謝の一念をもって大御本尊に御供養申し上げることは信仰者として当然であり、その部分をとらえて「金儲け」と誹謗するのは当たりません。

浅井甚兵衛・昭衛父子も、かつてはその御慈悲に浴《よく》して御開扉を受けたではありませんか。

現在でも、法華講員の折伏によって顕正会を脱会した人が初めて御開扉を受け歓喜の涙を流した、という実例は少なくありません。

本宗の僧俗が自己の幸福や一生成仏のために願い出る御開扉について、謗法の輩《やから》から「中止せよ」などと言われる筋合いはありません。

48 宗門の行う御開扉の付願《つけねがい》は、大御本尊を利用して僧侶の私腹《しふく》を肥《こ》やす金儲けの謗法行為だ。（顕正新聞　平成三〇年一一月五日号二面趣意）

御開扉の付願とは、事情によって大御本尊を直接内拝できない僧俗が、御法主上人に対し奉り自らの罪障《ざいしょう》消滅と即身成仏を大御本尊に御祈念してくださるよう願い出ることです。

その際、願主は、大御本尊への御報恩謝徳と御法主上人の御慈悲に対し真心から御供養申し上げるのです。その尊い志を大御本尊に取り次がれる御法主上人に対し、「私腹を肥やす金儲け」

とか「謗法行為」と罵《ののし》る言動は、野卑の一語に尽きます。

49 平成十七年十一月七日、戒壇の大御本尊の御前の大扉が開かず、御開扉が中止になるという未曽有《みぞう》の事態が起きた。
（基礎教学書 四五三趣意、顕正新聞 平成三一年四月五日号五面趣意）

奉安堂落慶以来、三千数百回行われてきた御開扉のなかで、たった一度だけ機械の故障で扉が開かなかったことがありました。顕正会はこのことを取り上げて大仰《おおぎょう》に騒ぎ立てているのです。機械であれば故障することもあります。

奉安堂に一度も参詣したことのない浅井昭衛をはじめとする顕正会員が、わけもわからず騒ぎ立てるものではありません。

遥拝勤行篇

50 遥拝《ようはい》勤行で広宣流布できる。（顕正新聞　平成三〇年四月二五日号一・四面等趣意）

日蓮正宗の勤行は、成仏のための大切な修行です。一切の謗法を捨てて大御本尊を信仰することを誓い、御授戒《じゅかい》を受けて入信した人が朝夕、五座・三座の読経《どきょう》と唱題を実践することで、御本尊の大功徳《くどく》に浴《よく》することができるのです。

顕正会で言う遥拝勤行とは、会員が日々の勤行として行うものであり、その様式は、本尊を安置することなく、大石寺の方角に向かって方便品・寿量品を一遍読誦し、百遍（五分間）の唱題をすることです。したがって顕正会員は御本尊へのお給仕《きゅうじ》も、仏壇の清掃も、香華灯明《こうげとうみょう》を捧《ささ》げることも全くしていません。

顕正会の遥拝勤行なるものは、日蓮正宗の勤行ではなく、モノマネ・ニセ勤行ですから、功徳がないことはもちろん、大謗法《ほうぼう》の行為です。

また「遥拝勤行で広宣流布できる」と言いますが、広宣流布とは日蓮正宗の信仰を全世界に弘めることです。日蓮正宗と無関係の謗法者がいかに増えても、それは広宣流布どころか不幸、災難の元凶《げんきょう》となるばかりです。

51
『千日尼御前御返事《せんにちあまごぜんごへんじ》』には遥拝勤行の大精神が説かれている。
（顕正新聞　令和元年五月五日号二面趣意、基礎教学書　一一三趣意）

佐渡の信徒である阿仏房・千日尼夫妻は、大聖人から直々に御本尊を授与されています。顕正会は、『千日尼御前御返事』の、
御身は佐渡の国にをはせ《御座》ども心は此《こ》の国に来《き》たれり（中略）御面《かお》を見てはなにかせん。心こそ大切に候へ（御書　一二九〇）
との御文を遥拝勤行の精神を示されたものと言っていますが、この御教示は、夫（阿仏房《あぶつぼう》）を身延《みのぶ》の大聖人のもとへ送り出した千日尼の志を讃《たた》えられたものであり、浅井が言う「遥拝勤行の大精神」などを指した御文ではありません。

52

大聖人様は御遺命を守り奉る顕正会を不憫《ふびん》とおぼされ「ならば、直接、戒壇の大御本尊を拝《おが》みまいらせよ。信心に距離は関係なし」「心こそ大切に候へ」と広宣流布への道を開いてくださった。（顕正新聞　平成三〇年一一月五日号三面趣意）

浅井は『千日尼御前御返事』の、

心こそ大切に候へ（御書　一二九〇）

との御教示をもって「自分達は大御本尊を直接拝せる」などと言っていますが、そもそも『千日尼御前御返事』を賜《たまわ》った阿仏房夫妻は、大聖人から直々に御本尊を授与された篤信《とくしん》の檀越《だんのつ》であり、朝夕、持仏堂《じぶつどう》の御本尊を礼拝《らいはい》し、勤行・唱題に励んでいたのです。浅井が言う遥拝勤行なるものをしていたのではありません。

したがって「心こそ大切に候へ」とは、夫（阿仏房）を身延の大聖人のもとへ送り出した千日尼の志を讃えられたものであり、顕正会の遥拝勤行とは全く無関係なお言葉です。

53
遥拝《ようはい》勤行こそ、末法三毒強盛《ごうじょう》の凡夫を、直接、戒壇の大御本尊に繫《つな》ぎまいらせる秘術であり、広宣流布最終段階の信行の姿なのです。
（顕正新聞 平成三〇年一一月五日号三面趣意）

顕正会で言う遥拝勤行では、御本尊へのお給仕《きゅうじ》も、仏壇の清掃も、香華灯明《こうげとうみょう》を捧《ささ》げることもありません。

日蓮正宗の信仰を持《たも》つ人は、御本尊を拝して勤行・唱題することを信心の基本としますが、なかには事情によって御本尊を御安置できないため、やむなく内得信仰をしている人もいます。しかし、これは御本尊受持にいたるまでの一時的な姿であり、これをもって、良しとするものではありません。

これに対し、浅井が推奨する遥拝勤行は、御本尊受持までの過渡的なものではなく、お給仕等の修行もない、空虚で観念的な行為でしかありません。

このようなものを「大御本尊に繋がる秘術」とか「広宣流布最終段階の信行の姿」などとする浅井の言は、まさしく誑惑そのものです。

54
熱原《あつわら》法華講衆も遥拝勤行だったではないか。
（顕正会「試練と忍従」の歴史・冨士　昭和六一年八月号一〇趣意、顕正新聞　平成一〇年六月一五日号二面趣意）

浅井昭衛は、

熱原の方々は、未《いま》だ御本尊を一人も頂いていなかった。リーダーの神四郎《じんしろう》・弥五郎《やごろう》・弥六郎の三人にしても、御本尊を頂戴《ちょうだい》できたのは首を刎《は》ねられたのちですよ。当然、日頃の勤行は遥拝勤行であったということです（顕正新聞　平成一〇年六月一五日号二面）

と言っていますが、これは浅井の思い込みによる誤解です。

なぜなら、第二祖日興上人の『弟子分《ぶん》本尊目録』には、大聖人から御本尊を授与《じゅよ》された信徒として熱原三烈士《れっし》の名が挙げられており、三人が生前に御本尊を授与されていたことは明らかです。その目録のどこにも、三人が死後に授与されたなどとは書かれていません。

また熱原の法華講衆は、大聖人、日興上人の御教導のもと、日秀師・日弁師等と異体同心して信行に励んでいたのであり、熱原法華講衆が遥拝勤行をしていたなどというのは、浅井の自分勝手な妄想に過ぎません。特に三烈士は、本門戒壇の大御本尊が御図顕される以前に捕らえられて殉死《じゅんし》されているのですから、大御本尊への遥拝勤行などできるはずがありません。

ここにも浅井の悪質なたばかりが明らかです。

血脈相承篇

55 細井日達（上人）は、御遺命に背いたゆえに、御相承もなし得ず急死し、その臨《りん》終《じゅう》は悪相《あくそう》であった。（顕正新聞　平成三〇年一〇月五日号二・六面趣意）

そのような話は、根も葉もない虚言《きょげん》です。

日達上人は、第六十七世日顕上人に厳然と血脈相承され、安祥《あんじょう》として御遷化《せんげ》されました。

顕正会は、Nなる会員が、大石寺の従業員であった母親から聞いた話として「N家は日達上人の縁戚で、母は日達上人の入院先に三度見舞いに行った。臨終の時、日達上人は二時間に及ぶ心臓マッサージを受けても蘇生《そせい》せず、悪相で死んだ」などという話を吹聴《ふいちょう》しています。しかし、N家は日達上人の縁戚ではないこと、Nの母は日達上人の見舞いに来ていないこと、二時間に及ぶ心臓マッサージなど行われていないこと、日達上人の御遷化のお姿は成仏の相を示しておられたことが明らかとなっており、Nの話がすべてねつ造であることは明白です。

日達上人の御遷化のお姿が成仏の相であったことは、以下の宗門の公式記録や、御尊骸《そんがい》を拝した人の言葉からも明らかであり、また当時を知る多くの僧俗がそのことを証言しています。

当時の記録には、

遺弟《ゆいてい》によって、最后《さいご》の御剃髪《ていはつ》、御剃顔《ていがん》が行なわれ、半眼半口《はんがんはんく》の御温顔《おんがん》に一同新たなる感慨《かんがい》を禁じ得なかった（大日蓮　昭和五四年九月号八四）

とあり、当時の教学部長であった大村壽顕〔日統〕師は、

病室へ駆け込んだ時、既《すで》に猊下《げいか》には御遷化の直後であり、いつもとかわらぬ静かな御尊容《そんよう》を拝して只々哀痛悲嘆《ただただあいつうひたん》にくれるのみでありました（同　三七）

と述懐《じゅっかい》されています。

虚偽《きょぎ》の話をでっち上げて、宗祖以来の血脈を相承あそばされた日達上人の臨終の相を誹謗中《ひぼうちゅう》傷《しょう》する浅井昭衛の振る舞いは、信仰者としても人間としても許されない悪行です。

なお、最近また、顕正会員Tなる者が、伝聞《でんぶん》の伝聞として、本宗僧侶がかつて日達上人の臨終が悪相であったと語ったごとく『顕正新聞』（令和元年八月五日号七面）に掲載していますが、全くの作り話に過ぎません。

56 阿部日顕(上人)は、偽《いつわ》りの自己申告で貫首《かんず》に就任した。(基礎教学書 四二三趣意)

このような主張は、正信会や創価学会による誹謗《ひぼう》の二番煎《せん》じであり、既《すで》に破折し尽くされた邪論です。日達上人は、御遷化《せんげ》に先立って日顕上人に唯授一人《ゆいじゅいちにん》の血脈《けちみゃく》を付嘱《ふぞく》され、ごく一部の方にその内意を伝えられています。

かつて浅井昭衛は、日達上人から日顕上人への御相承に疑義《ぎぎ》を唱えた創価学会に対し、

阿部管長憎しのあまり、そして池田大作を偉く見せるために、ついに下種仏法の命脈《めいみゃく》たる金口《こんく》の相承までも、学会は否定してしまったのであります（中略）これを仏法破壊といわずして、何を仏法破壊というのか。これを大謗法といわずして、何がいったい大謗法でありましょうか（顕正新聞　平成四年六月五日号一面）

細井管長から阿部管長への時は、儀式が省略された。ゆえに「授」なく「受」なしと疑われたのだ（中略）血脈は絶対に断絶しない。たとえ御相承の儀式があろうと、なかろうと、絶対に断絶はしないのです（中略）御相承の儀式のあるなしは、本質的には全く問題ない。断絶などはあり得ないのです（同　平成五年一月五日号三面）

と述べ、創価学会を大謗法だと断じていました。

ところが現在、浅井自身が日顕上人への御相承が偽りであったと言っています。

これは、過去の発言と正反対の言動であり、極めて無節操《せっそう》な発言です。

57 阿部日顕（上人）が相承を受けた客観的証拠を出せ。（基礎教学書 四二四趣意）

本宗の血脈相承は、その形式・内容ともに当事者以外には一切窺《うかが》い知れないものであり、余《よ》人《じん》がこれに疑義を差し挟むことは、古来、固く誡《いまし》められています。

日達上人から日顕上人への御相承も、余人の与《あずか》り知らぬ秘儀として行われました。そして、日達上人御遷化直後、当時の椎名重役が宗内に対して、日達上人から日顕上人への御相承がすでに行われたことを発表され、僧俗一同は新御法主上人のもとに一致団結して精進するよう諭《さと》されたのです（大日蓮　昭和五四年九月号六〇参照）。

宗門の僧俗一同は、日顕上人への御相承をごく自然に拝承《はいしょう》して、疑いを持つ人はいませんでした。

当時すでに宗外にあった浅井昭衛でさえも、日顕上人への御相承について、

今日に至るまで代を重ねること六十七、一系連綿《れんめん》、一時も断絶することなく、一器の水を

一器に瀉《うつ》すごとく血脈が相続されております（傍線編者・冨士　昭和六一年一二月号三）と述べていたではありませんか。

また、日達上人から日顕上人の御相承に関する客観的証拠や状況的証拠に類するものは数多くありますが、古来宗門では、当事者のお二方が自ら発表されたこと以外は、余人がその証拠などについて議論することは本末転倒であり、断片的な証拠を列挙することなどは、あえてしないのです。

要は、御相承に疑いを持つ人は、どのような証拠があってもそれを信じようとはしないものなのです。

58
細井日達（上人）から阿部日顕（上人）への相承は断絶したが、血脈は断絶しない。国立戒壇を堅持《けんじ》する御法主上人猊下や日目上人が御登座《とうざ》されれば、血脈は蘇《よみがえ》る。
（基礎教学書　四二一趣意、顕正新聞　平成三〇年一〇月五日号二面趣意）

ここで浅井昭衛は、相承は断絶したが血脈は断絶しないと言って、相承《あいう》ける儀式は断絶したが、法水は断絶していないと主張しています。相承と血脈は別なものと述べていますが、古来宗門では唯授一人・金口《こんく》嫡々《ちゃくちゃく》血脈相承と申し上げ、御相承と血脈法水《ほっすい》は一体のものと拝するのです。

したがって、日達上人から日顕上人への唯授一人の血脈相承は厳然と行われたのです。

また浅井は、「血脈は断絶しない」と言いながら「血脈は蘇る」とも言います。断絶しないで存続するものならば、蘇る必要はありません。

このような浅井の発言は無責任極まるものです。

顕正会の本尊

59　顕正会の護持《ごじ》している御本尊はすべて、妙信講が解散処分を下されたとき、妙縁寺の元住職であった松本日仁師から託されたものである。
（顕正新聞　昭和六〇年三月一五日号一面趣意）

顕正会の所持する本尊について、昭和六十年に浅井は、
（松本日仁は）大幅《たいふく》の常住御本尊七幅と、日寛上人の御形木《おかたぎ》御本尊数百幅を私に託して下さった（顕正新聞　昭和六〇年三月一五日号一面）
と公表しましたが、平成十一年には、
日布上人の御形木御本尊を多数託された（同　平成一一年四月二五日号三面趣意）
と言い、平成十五年には、
日布上人・日昇上人の四幅の導師曼荼羅《まんだら》（同　平成一五年二月一五日号一面）
が追加され、平成十九年には、

大幅の日布上人の御形木御本尊と（中略）日布上人御書写の「大日蓮華山大石寺」の脇書《わきがき》がある導師曼荼羅の御形木御本尊まで、六幅授与して下さった

（同　平成一九年一〇月五日号四面）

と、めまぐるしくその発言を変化させています。

このことからも顕正会が所持する御本尊が、いかに怪《あや》しげなものかがわかります。また「大幅の常住御本尊七幅を託された」と言っていますが、この常住御本尊とは御歴代上人の御書写による直筆の御本尊のことであり、古来本宗においては、各末寺の重宝である常住御本尊を、時の御法主上人の許可を得ることなく、信徒に対して勝手に授与したり貸与《たいよ》することは固く誡《いまし》められています。

日達上人が、妙信講に本尊を授与したり貸与することを許可された事実はありません。つまり、「松本日仁師から託された」という本尊は、日達上人の許可を受けたものではなく、本宗の法義・化儀に違背して入手したものですから、礼拝《らいはい》しても功徳はありません。

60　**地方会館に安置し奉る大幅の日布上人の御形木御本尊を、松本日仁師にぜひ用意してくださるよう、敢《あ》えて願い出て、授与して頂いた。**

（顕正新聞　平成一九年一〇月五日号四面趣意）

現在、顕正会が多くの地方会館に安置している日布上人の形木本尊の日付が「大正五年十二月大安日」であることから、その元《もと》は、妙光寺に所蔵されていた御形木御本尊で、時の御法主上人の許可を得て、かつて妙光寺から下付《かふ》されていたことがわかります。

この御本尊の大きさは、およそ縦二〇センチ・横一三センチであり、大幅の本尊などではありません。

ところが、顕正会の会館に安置している本尊は、『顕正新聞』に掲載された写真を見ても、本尊の本紙の横幅が二〇センチ以上あり、本来の御本尊を拡大コピーしたものであることが明らかです。

したがって、顕正会の会館に安置される日布上人の形木本尊と称するものは、時の御法主上人の許可もなく、勝手にコピーされたニセ本尊であることは間違いありません。

顕正会が大謗法の産物として作製した「大幅の日布上人の御形木御本尊」なるものを拝むこ

とは、功徳《くどく》どころか、大きな罪障《ざいしょう》となります。

61 御形木御本尊の下付は、昭和二十九年までは、宗門で統一することなく、各末寺において、それぞれ縁の深い御法主上人の御形木御本尊を授与していた。これは末寺住職に許された権限であり、古来からのしきたりであった。
（顕正新聞　平成一九年一〇月五日号四面趣意）

古来宗門では、御本尊に関しては御書写はもちろんのこと、授与・修復等の一切が御法主上人御一人の権能とされ、宗内僧侶や信徒が御法主上人の許可を得ずして勝手に関与することは許されていません。

したがって、従来末寺での御形木御本尊の下付も、時の御法主上人の允可《いんか》を得て行ってきたものです。

末寺での御形木御本尊下付について日顕上人は、

末寺が、ある時期に弘通教化《ぐずうきょうけ》の上の必要上、形木本尊を下附《かふ》したことはありますけれども、それはすべて、総本山法主の許可を受けているわけであり、法主に背いて形木を出したこ

となど、絶対にないのです（創価学会の偽造本尊義を破す　二三）

と御指南されています。

現在、顕正会は「松本日仁師から託された」と称して、ニセ本尊を発行していますが、かつて妙縁寺で御形木御本尊を印刷し、発行した事実はありません。

ここで浅井は、かつて末寺において御法主上人の許可がなくても勝手に御形木御本尊を印刷し、下付できたかのように言っていますが、これは浅井が自己を正当化するための言い訳とみることができます。まさに「語るに落ちた」とはこのことです。

その他の邪難

62 細井管長は広宣流布の定義を「日本国全人口の三分の一が入信すれば広宣流布と言える」とたばかった。（基礎教学書 四二七〜四二八趣意）

日達上人は昭和四十九年十一月、創価学会第三十七回総会の席上、急激に信徒が増加した状況に鑑《かんが》み、

日本国全人口の三分の一以上の人が、本門事《じ》の戒壇の御本尊に純真な、しかも確実な信心をもって本門の題目、南無妙法蓮華経を異口《いく》同音に唱えたてまつることができたとき、そのときこそ日本国一国は広宣流布したと申し上げるべきことである（傍線編者・達全 二―五―五三八、大日蓮 昭和五〇年一月号一二）

と仰せられ、また昭和五十年一月号の『大白蓮華』に、

現今の我国の妙法流布の情況を見るに、学会の人びと或《ある》いは法華講の人びととの布教に依《よ》って、全国民が大聖人の南無妙法蓮華経を聞いて居《い》ると思う。若《も》し日本国に於《お》いて、人口の

三分の一以上の人が清浄なしかも純信な大聖人の信徒となれば、日本国中は大聖人の仏法が広宣流布したといえる。なんとなれば日蓮大聖人の仏法は下種《げしゅ》の仏法なるが故に、順逆《じゅんぎゃく》共《とも》に成仏するのである

（傍線編者・達全　二―七―四三一、大白蓮華　昭和五〇年一月号一五）

との一文を寄せられました。

これらの御指南は、日本の人口の三分の一以上の人が信徒となった時は広宣流布の時であるというものです。しかし、ここで注意すべきは、「純真な、しかも確実な信心をもって」「清浄なしかも純信な大聖人の信徒」とのお言葉です。このような信心強盛《ごうじょう》にして純真かつ確実な信徒が三分の一をなすということは、その他の人々をも必ず妙法の下種折伏をもって正法に導く大きな力となり、日本一国の広宣流布を実現する時と言えることを示されたものです。また同時に、この御指南は広宣流布にはいまだ至《いた》っていないことを示して当時の信徒を激励されたお言葉でもあります。

血脈相伝の御深意の上から、現実的な広布の相を教示された日達上人に対して「たばかり」などと誹謗する浅井昭衛は、仏法破壊の大謗法者です。

63　阿部日顕（上人）が犯した三大謗法「御遺命破壊」「身延《みのぶ》高僧の大石寺招待」「戒壇の大御本尊に対し奉る誹謗《ひぼう》」は、どれ一つとして許されるものはない。もし改悔《かいげ》がなければ、宗門から追放すべきである。
（基礎教学書　四四八～四四九趣意、顕正新聞　平成三一年四月五日号五面趣意）

ここで浅井は、あたかも日顕上人に「三大謗法」なるものがあったかのように喧伝《けんでん》していますが、浅井が挙げた三つは「どれ一つとして」当たっていません。

第一の「御遺命破壊」については、日蓮大聖人の御遺命である血脈相承への随順を蔑ろにし、唯授一人の御法主上人を誹謗する浅井こそ、「御遺命破壊」の張本人です。

第二の「身延高僧の大石寺招待」については、これは創価学会からの受け売りで、日蓮宗の僧侶が大石寺を見学したことに対しての邪難です。もとより大石寺の境内《けいだい》は順縁・逆縁を問わず、自由に見学が許されてきました。

第九世日有上人の『化儀抄《けぎしょう》』には、

法花宗《ほっけ》の御堂《みどう》なんどへ他宗他門の人参詣して散供《さんぐ》まいらせ花を捧《ささ》ぐる事有《あ》り之《こ》れを制すべからず（歴全　一―三六五、聖典　九九三、富要　一―一五六）

とあり、他宗の人が大石寺の御堂などに参詣し供養したり花を捧げたりすることを制止してはならないと御指南されています。また、かつて大石寺三門前に立てられていた高札《こうさつ》には、

願わくは有縁無縁の大衆須《すべか》らく純心に参詣して佛果菩提《ぶっかぼだい》の縁となされんことを

と、本宗に縁有る者、無い者、すべてが参詣して仏縁を結ぶよう勧奨《かんしょう》する文言が記されていました。

こうした精神から、他門の僧侶などからの見学の要請に対しては、俗服《ぞくふく》であることを条件に、これまでも見学を許してきたのであり、謗法を犯したという非難は当たりません。

第三の「戒壇の大御本尊に対し奉る誹謗」については、これも創価学会の二番煎《せん》じの誹謗であり、河邊慈篤師のメモを悪用した邪難です。のちに河邊師御本人は、このメモについて、「話の前後を抜いた記録ミスであり、事実と異なる内容である」（趣意）と述懐しています（大日蓮　平成一一年九月号五参照）。

したがって浅井の、日顕上人に対する「三大謗法」云々《うんぬん》の誹謗は、いずれも的外れのものであり、浅井の醜悪な怨念でしかありません。

64　阿部日顕（上人）は公開対決申し入れから完全に逃げた。（基礎教学書　四五一趣意、顕正新聞　平成三一年四月五日号五面趣意）

浅井昭衛は、既に四十年以上前に日蓮正宗から破門され、謗法者の烙印《らくいん》を押された者です。その者が御法主上人に対決を申し入れるなどは、全くの身のほど知らずと言うべきです。

日顕上人は、妙信講（顕正会）が宗門から講中《こうじゅう》解散処分を受けて以来、折に触れてその誤りを指摘し善導《ぜんどう》されてきました。

浅井の『対決申し入れ書』や『最後に申すべき事』などは、日顕上人の御意を拝した宗門僧侶の手によって完膚《かんぷ》なきまでに破折《はしゃく》し尽くされています。

浅井こそ、この破折書に対する返答もできず逃げ回っているではありませんか。

65　『日興遺誡置文《ゆいかいおきもん》』に「時の貫首《かんず》たりと雖《いえど》も仏法に相違して己義《こぎ》を構《かま》えば、之《これ》を用うべからざる事」とあるように、細井日達（上人）、阿部日顕（上人）は、御遺命破壊の「己義」を構えたので、私は御遺命守護に立ち上がった。
（顕正新聞　平成三〇年二月一五日号二面趣意）

この難癖《なんくせ》は、宗門から破門された徒輩《とはい》が、時の御法主上人を攻撃する際に振りかざす常套《じょうとう》句です。

宗祖日蓮大聖人以来の血脈《けちみゃく》を承《う》け一宗を教導あそばされていた第六十六世日達上人ならびに第六十七世日顕上人に対し、浅井昭衛はあろうことか「己義を構えた」と誹謗《ひぼう》しているのです。その理由として浅井は「国立戒壇を否定した」（顕正新聞　平成三〇年二月一五日号二面趣意）ことを挙げています。

国立戒壇が本宗の教義でないことは、本書の【国立戒壇篇】（設問1～25）に述べたとおりです。むしろ、『日興遺誡置文』を挙げるならば、

衆義《しゅうぎ》たりと雖《いえど》も、仏法に相違有らば貫首之《これ》を摧《くじ》くべき事（御書　一八八五）

との厳しい御教示があります。

この日興上人の御指南に則《のっと》り、日達上人は浅井の考え違いを再三指摘し、教導されましたが、それを聞き入れなかったため、「仏法に相違」した大罪によって、昭和四十九年十一月、宗門は浅井を信徒除名処分に付したのです。

浅井の「御遺命守護に立ち上がった」などという言葉は、誑惑《おうわく》でしかありません。

66
濁悪《じょくあく》の極にある正系門家の中から、必ずや正義にめざめて立つ「有羞《うしゅう》の僧」が二人・三人と出現する。（顕正新聞　平成三一年四月五日号五面趣意）

「有羞の僧」とは、いまだ真実の悟りを得られないことを恥じて修行に邁進《まいしん》する僧を言います。しかし浅井昭衞の言う「有羞の僧」とは、浅井の言い分に与同《よどう》して「国立戒壇」を唱え、「天母山《あんもやま》」に執着《しゅうじゃく》し、広宣流布最終段階の信行の姿である「遥拝勤行」で百遍（五分間）の唱題に励む僧侶を指しているようです。

しかし、そのような僧侶を本宗では「有羞の僧」とは言いませんし、「正義にめざめた僧侶」とも言いません。「二人・三人と出現する」という言葉も駄法螺《だぼら》に過ぎません。

67
顕正会員は皆、白色で成仏の相を示して臨終を迎えている。（顕正新聞　令和元年六月二五日号三面趣意）

日蓮大聖人は『千日尼御前御返事』に、

人は臨終《りんじゅう》の時、地獄に堕《お》つる者は黒色となる上、其《そ》の身重き事千引《ちびき》の石《いわ》の如《ごと》し。善人は設《たと》ひ七尺八尺の女人《にょにん》なれども色黒き者なれども、臨終に色変じて白色となる。又軽き事鵞毛《がもう》の如し、軟《やわ》らかなる事兜羅綿《とろめん》の如し（御書　一二九〇）

と仰せられています。ここで大聖人は、地獄に堕ちた者は黒色となってその身は重く、成仏した者は白色となってその身は軽く、柔らかいと御教示されています。

この御教示を受けて、さらに日寛上人は『臨終用心抄』に、

他宗謗法《ほうぼう》の行者は縦《たと》ひ善相有りとも地獄に堕つ可《べ》き事（中略）法華本門の行者は不善相なれども成仏疑ひ無き事（富要　三―二六六）

と仰せられ、謗法者の臨終の相がたとえ善相であっても地獄に堕ち、妙法の信仰者が悪相であっても成仏は疑いないと御指南されています。

この御文からすれば、大聖人の御教示に逆らい、血脈《けちみゃく》付法《ふほう》の御法主上人に敵対《てきたい》するという大謗法を犯した者は、道理の上からも成仏できるはずはないのです。

付録　顕正会破折文証集

顕正会破折文証集

目次

〔※網掛けの文証は顕正会が邪難に悪用するもの〕

《日蓮大聖人御教示》

○日蓮大聖人の御遺命（血脈相承への随順）

日蓮一期の弘法、白蓮阿闍梨日興に之を付嘱す、本門弘通の大導師たるべきなり。国主此の法を立てらるれば、富士山に本門寺の戒壇を建立せらるべきなり。時を待つべきのみ。事の戒法と謂ふは是なり。就中我が門弟等此の状を守るべきなり。

弘安五年壬午九月　日

日蓮花押

血脈の次第　日蓮日興

（日蓮一期弘法付嘱書・御書一六七五）

釈尊五十年の説法、白蓮阿闍梨日興に相承す。身延山久遠寺の別当たるべきなり。背く在家出家共の輩は非法の衆たるべきなり

（身延山付嘱書・御書一六七五）

上首已下並びに末弟等異論無く尽未来際に至るまで、予が存日の如く、日興が嫡々付法の上人を以て総貫首と仰ぐべき者なり

（百六箇抄・御書一七〇二）

○日蓮大聖人の御遺命（広宣流布・本門寺の戒壇建立）

戒壇とは、王法仏法に冥じ、仏法王法に合して、王臣一同に本門の三秘密の法を持ちて、有徳王・覚徳比丘の其の乃往を末法濁悪の未来に移さん時、勅宣並びに御教書を申し下して、霊山浄土に似たらん最勝の地を尋ねて戒壇を建立すべき者か。時を待つべきのみ。事の戒法と申すは是なり。三国並びに一閻浮提の人懺悔滅罪の戒法のみならず、大梵天王・帝釈等も来下して踏み給ふべき戒壇なり

（三大秘法稟承事・御書一五九五）

○後判につくべし

先判後判の中には後判につくべし

（開目抄・御書五三七）

○「立てる」の用例

日本国にして此の法門を立てんは大事なるべし云云
（撰時抄・御書八七二）

○広宣流布の姿

法華折伏破権門理の金言なれば、終に権教権門の輩を一人もなくせめをとして法王の家人となし、天下万民諸乗一仏乗と成りて妙法独りはむ昌せん時、万民一同に南無妙法蓮華経と唱へ奉らば、吹く風枝をならさず、雨土くれをくだかず、代はぎのうの世となりて、今生には不祥の災難を払ひて長生の術を得、人法共に不老不死の理顕はれん時を各々御らんぜよ、現世安穏の証文疑ひ有るべからざる者なり
（如説修行抄・御書六七一）

○千日尼の信心

御身は佐渡の国にをはせども心は此の国に来たれり。仏に成る道も此くの如し。我等は穢土に候へども心は霊山に住むべし。御面を見てはなにかせん。心こそ大切に候へ。いつかいつか釈迦仏のをはします霊山会上にまひりあひ候はん
（千日尼御前御返事・御書一二九〇）

○臨終の相

人は臨終の時、地獄に堕つる者は黒色となる上、其の身重き事千引の石の如し。善人は設ひ七尺八尺の女人なれども色黒き者なれども、臨終に色変じて白色となる。又軽き事鵞毛の如し、軟らかなる事兜羅綿の如し（千日尼御前御返事・御書一二九〇）

《第二祖日興上人御指南》

○「立てる」の用例

いづくにても聖人の御義を相継ぎ進らせて、世に立て候はん事こそ詮にて候へ
（原殿御返事・歴全一―一七二、聖典五六〇）

○大石寺は四神相応の霊地

駿河国富士山は広博の地なり。一には扶桑国なり、二には四神相応の勝地なり

（富士一跡門徒存知事・御書一八七三）

○熱原三烈士に御本尊を授与

一、富士下方熱原郷の住人神四郎兄。
一、富士下方同郷の住人弥五郎弟。
一、富士下方熱原□□□（郷の住人）□□（弥六※）郎。

此の三人は越後房下野房の弟子廿人の内なり。弘安元年信じ始め奉る処、舎兄弥藤次入道の訴に依て鎌倉に召し上げられ、終に頸を切られ畢んぬ

（※編者注・弟子分本尊目録・歴全一―九四）

○日興上人の遺誡

一、時の貫首たりと雖も仏法に相違して己義を構へば之を用ふべからざる事。

一、衆義たりと雖も、仏法に相違有らば貫首之を摧くべき事（日興遺誡置文・御書一八八五）

〔網掛けの文証は顕正会が邪難に悪用するもの〕

《第9世日有上人御指南》

○謗法者の参詣を妨げない

法花宗の御堂なんどへ他宗他門の人参詣して散供まいらせ花を捧ぐる事有り之れを制すべからず

（化儀抄・歴全一―三六五、聖典九九三、富要一―一五六）

《第26世日寛上人御指南》

○事の戒壇とは

事の戒壇とは即ち富士山天生原に戒壇堂を建立するなり（報恩抄文段・御書文段四六九A）

○本門戒壇の大御本尊の御在所は事の戒壇

本門戒旦―┬在々処々本尊安置之処ハ理ノ戒旦也
　　　　　└富士山戒旦之御本尊御在所ハ事ノ戒旦也

（三大秘法之事・達全二―六―四二六）

○本門戒壇の大御本尊所住の処は根源（事の戒壇）

広宣流布の時至れば一閻浮提の山寺等、皆嫡々書写の本尊を安置す。其の処は皆是れ義理の戒壇なり。然りと雖も仍是れ枝流にして、是れ根源に非ず。正に本門戒壇の本尊所住の処、即ち是れ根源なり

（法華取要抄文段・御書文段五四三A）

○御書写の御本尊所住の処は道理の戒壇（義の戒壇）

戒壇の本尊を書写して之を掛け奉る処の山々寺々家々は皆是れ道理の戒壇なり

（報恩抄文段・御書文段四六九A）

○義理の戒壇

義理の戒壇とは、本門の本尊の所住の処は即ち是れ義理、事の戒壇に当たるなり

（法華取要抄文段・御書文段五四二B）

○大御本尊のもとへ登山せよ

未だ時至らざる故に直ちに事の戒壇之れ無しと雖も、既に本門の戒壇の御本尊在す上は其の住処は即戒壇なり。其の本尊に打ち向い戒壇の地に住して南無妙法蓮華経と唱ふる則は本門の題目なり。志有らん人は登山して拝し給へ

（寿量演説抄・歴全四―一四五、富要一〇―一三一）

○御遺命の戒壇の相は広布の時に裁定

三位日順の心底抄に云わく「戒壇の方面は地形に随うべし。国主信伏し造立の時至らば智臣・大徳宜しく群議を成すべし、兼日の治定は後難を招くに在り、寸尺高下註記すること能わず」等云云。順公尚爾り、況んや末学をや（依義判文抄・六巻抄八六）

○臨終の相

一、他宗謗法の行者は縦ひ善相有りとも地獄に堕つ可き事（臨終用心抄・富要三―二六六）

一、法華本門の行者は不善相なれども成仏疑ひ無き事（臨終用心抄・富要三―二六六）

《第36世日堅上人御指南》

○本門戒壇の大御本尊の御在所は事の戒壇

事ノ戒旦　一幅ノ板御本尊奉レ掛所ヲ云

道理ノ戒旦　御代々御書写御本尊奉レ掛所ヲ云

（堅師寿量品説法写本・妙光寺所蔵文書）

《第48世日量上人御指南》

弘安二年ノ大御本尊トハ戒壇ノ大御本尊ハ弘安二年十月十二日御認メナル故也本門寺ニ掛ケ奉ルベシトハ事ノ広布ノ時天母原ニ掛ケ奉ルベシ豈ニ文証分明ナルニ非耶三ニ現証トハ現今富士山大石寺宝庫ニ在リ豈現証明白ナルニ非ズ耶右御遺語ニ任セ事ノ広宣流布ノ時ヲ待チ奉ル也夫レ迄ハ富士山大石寺則チ本門戒壇ノ根源也

（本因妙得意抄・松寿院聞書一一―一三）

《第52世日霑上人御指南》

○本門戒壇の大御本尊の御在所は事の戒壇

未タ廣布ノ時不レ至ラ事相ノ戒旦御建立ナシトイヘドモ此ノ道場即是レ事ノ戒旦真ノ霊山事ノ寂光ニシテ一度モ此ノ砌ニ望マン輩ハ無始ノ罪障忽チニ消滅シテ三業ノ悪轉ジテ三徳ヲ成ゼンコト毛頭疑アルベカラズ（三大秘法談・研教二三―四一八）

《第59世日亨上人御指南》

○天生原に六万坊建立は不可能

空談にもせよ、天生が原の寸地にいかに重畳しても、摩天楼にしても六万の坊舎が建設せらるべきや

（詳伝二六八）

○大石寺は四神相応の霊地

ここの地は、河合よりやや朗開せるも、半里をへだつる大石が原の景勝にしかず。ただちに富嶽を負

い駿湾をのぞみ、一望千里曠宏たる高原にして、なお原始の処女林あり。加うるに大道あり河沢あり、四神相応の霊地なり（詳伝二四一）

○御開扉の有り難さ

開山上人は、これ（大御本尊※）を弘安二年に密附せられて、正しき広布の時まで苦心して秘蔵せられたのであるが、上代にはこのことが自他に喧伝せられなかったが、いずれの時代（中古か）からか、遠き広布を待ちかねて特縁により強信により内拝のやむなきにいたり、ついには今日のごとき常例となったのは、もったいない事であるから、四十余年前には、有名な某居士が懇願して月一回という事にもなった事があったが、永続しなかった。開山上人より三祖日目上人への富士総跡の御譲り状にも「日興が身に充て給はる所の弘安二年の大御本尊」として、戒壇本尊とは書かれなかったのは、大いにこの味わいがある（※編者注・詳伝二七七）

《第60世日開上人御指南》

○本門戒壇の大御本尊の御在所は事の戒壇

其の戒壇堂に安置し奉る大御本尊、今眼前に当山に在す事なれば、此ノ所即是本門事の戒壇、真の霊山、事の寂光にして、若し此の霊場に一度も詣でん輩は、無始の罪障速やかに消滅し、三業の悪転じて三徳を成ぜん事、毛頭疑いあるべからず

（御戒壇説法・日開上人全集六）

《第64世日昇上人御指南》

（戒壇の大御本尊を）或る時は校倉を、或る時は土蔵を宝蔵として奉安し、専心に守護し国立戒旦の建立を待ちて六百七十餘年今日に至れり。国立戒旦こそ本宗の宿願なり。三大秘法抄に「戒旦とは王法仏法に冥し佛法王法に合して王臣一同に三大秘密の法を持ちて、乃至、勅宣並に御教書を申し下して建立する所の戒旦なり」と之れは是れ宗祖の妙法蓮華

経が一天四海に広宣流布の時こそ之の時なり。未だ時至らずと雖も、今次本宗創価学会は折伏之れ命として只管広宣流布へと邁進して居るのである、その功ありて信徒の増加は未曽有の実を示し、例月の登山参拝者は一山に充ち宝蔵開扉の願主一堂に溢る。茲に法華講大講頭たる、創価学会々長戸田城聖大発願を起し、近代的様式による耐震耐火の大宝蔵を建立して寄進せり。血脈付法の法主を継げる日昇之れを受納して、戒旦本尊奉安殿と名付け、今落慶の式を行う、此処に戒旦本尊を永久に安置し奉るなり。「時を待つべきのみ事の戒法とは之れなり」の金言を身に体し、必ず来るべき国立戒旦建立の暁まで守護すべし

（奉安殿慶讃文　大日蓮・昭和三〇年一二月号一四）

〔網掛けの箇所は顕正会が邪難に悪用するもの〕

《第65世日淳上人御指南》

○「王法」とは世間法

王法とは国王が政治を行ふその拠りどころである法であります。また一般世間の法にも通ふところで、仏法の出世間法なるに対し世間法を意味せられるのであります（淳全四八七）

○「勅宣」と「御教書」

勅宣は国王の「みことのり」で御教書とは当時将軍の令書であります。此れは国政の衝に当る人より出る教詞と解すべきであります（淳全四八八）

田中智学氏の「日蓮聖人の教義」なる著書は、日蓮正宗の教義を盗んで書いたものであることは明らかである（淳全一四三八）

〔網掛けの文証は顕正会が邪難に悪用するもの〕

《第66世日達上人御指南》

○本門戒壇の大御本尊の御在所は事の戒壇

本門戒壇の大御本尊安置のところはすなわち、事の戒壇である（達全二―六―一〇九、大日蓮・昭和四七年五月号二五）

○「国立戒壇」の語は不要

国立戒壇という名前を使わなかったと言っても決して、「三大秘法抄」の戒壇のご文、あるいは「一期弘法抄」の戒壇のご文に少しもそれを否定したり謗ったり、あるいは不敬にあたるようなことは少しもないのでございます。もちろん、「三大秘法抄」とか「一期弘法抄」に国立という名前は使っておりません（達全二―六―三三、大日蓮・昭和四五年七月号一九）

○「国立戒壇」の語は今後使用しない

わが日蓮正宗においては、広宣流布の暁に完成する戒壇に対して、かつて「国立戒壇」という名称を使っていたこともありました。しかし、日蓮大聖人は世界の人々を救済するために一閻浮提第一ノ本尊ヲ可レシ立二ツ此国一ニ。（新定二―九七五）と仰せになっておられるのであって、決して大聖人の仏法を日本の国教にするなどと仰せられてはおりません。日本の国教でない仏法に「国立戒壇」などということはありえないし、そういう名称も不適当であったのであります。明治時代には「国立戒壇」という名称が一般的には理解しやすかったので、そういう名称を使用したにすぎません。明治より前には、そういう名称はなかったのであります。今日では「国立戒壇」という名称は世間の疑惑を招くし、かえって、布教の邪魔にもなるため、今後、本宗ではそういう名称を使用しないことにいたします（達全二―五―四九九、大日蓮・昭和四五年六月号一七）

○「天生原」とは大石ヶ原

天生原とは大石ヶ原のことであります（達全二―五―四七〇、大日蓮・昭和五〇年一一月号一二）

◯大石寺は本門戒壇建立の霊地

今将に世間で噂されておる国立戒壇などと云う言葉に惑わされず、ただ広宣流布の時に始めてできる戒壇であります。それが王立であろうが国立であろうが民衆立であろうが、全ての正信の信者が集まって戒壇の大御本尊を拝し奉る処こそ、何処でも事の戒壇でございます。富士山本門寺とは、当山でありますす。当山が大石寺と称しているのは、未だ広宣流布せざる間は暫く大石寺と称しているのでありまして、時来らば本門寺と名乗るべきであります（昭和四五年四月六日　霊宝虫払大法会御説法・宗務院文書）

◯正本堂の意義についての「訓諭」

正本堂は、一期弘法付嘱書並びに三大秘法抄の意義を含む現時における事の戒壇なり。即ち正本堂は広宣流布の暁に本門寺の戒壇たるべき大殿堂なり。但し、現時にあっては未だ謗法の徒多きが故に、安置の本門戒壇の大御本尊はこれを公開せず、須弥壇は蔵の形式をもって荘厳し奉るなり。然れども八百万信徒の護惜建立は、未来において更に広布への展開を促進し、正本堂はまさにその達成の実現を象徴するものと云うべし

（達全二—一—三、大日蓮・昭和四七年六月号二）

◯本門戒壇の大御本尊は広布の暁まで非公開

ただし末法の今日、まだ謗法の人が多いので、広宣流布の暁をもって公開申し上げるのであります。ゆえに正本堂とはいっても、おしまいしてある意義から、御開扉等の仕方はいままでと同じであります。したがって形式のうえからいっても、正本堂の中でも須弥壇は、蔵の中に安置申し上げる形になると思うのでございます（達全一—三—三九四、大日蓮・昭和四〇年三月号一一）

◯御遺命の戒壇建立は未来の大理想

有徳王・覚徳比丘のその昔の王仏冥合の姿を末法濁悪の未来に移し顕わしたならば、必ず勅宣並に御教書があって霊山浄土に似たる最勝の地を尋ねられて戒壇が建立出来るとの大聖人の仰せでありますから私は未来の大理想として信じ奉るのであります

（昭和四五年四月六日　霊宝虫払大法会御説法・宗務院文書）

○**正本堂賞与御本尊の裏書**

此の御本尊は正本堂が正しく三大秘法抄に御遺命の事の戒壇に準じて建立されたことを証明する本尊也（本尊裏書）

○**日本国の広宣流布の姿**

日本国全人口の三分の一以上の人が、本門事の戒壇の御本尊に純真な、しかも確実な信心をもって本門の題目、南無妙法蓮華経を異口同音に唱えたてまつることができたとき、そのときこそ日本国一国は広宣流布したと申し上げるべきことである（達全二―五―五三八、大日蓮・昭和五〇年一月号一二）

現今の我国の妙法流布の情況を見るに、学会の人びと或いは法華講の人びとの布教に依って、全国民が大聖人の南無妙法蓮華経を聞いて居ると思う。若し日本国に於いて、人口の三分の一以上の人が清浄なしかも純信な大聖人の信徒となれば、日本国中は大聖人の仏法が広宣流布したといえる。なんとなれば日蓮大聖人の仏法は下種の仏法なるが故に、順逆共に成仏するのである（達全二―七―四三一）

○**浅井昭衛の所行は猊座に対する冒涜**

この数年間、いろいろな出来事もありましたが、とにかく元妙信講の一件ほど不愉快、かつ迷惑なことは他にありません。また、本宗七百年の歴史の間、魔がつけ入らんとして幾度か異流義も出ましたが、しかし元妙信講ほど無体な、そして卑劣なものは例を見ないと思うのであります。およそ人たるもの、自分の信念を述べるに当って、あくまで自分の意見として公にすべきであると思うのであります。宗門の公式見解はこうなっているが自分の意見はこうである、というように、正々堂々と述べるべきであります。ところが浅井昭衛は、法主である私の名前を利用し、〝私が浅井親子だけに内意を打明けた〟と宣伝しておるのであります。浅井個人の考えに私の考えであるというレッテルを貼られては、私としてはたまったものではありません。しかもその内容が私が公の席で、手続をふんだ上でそれこそ何度も何度も口がすっぱくなるほど繰り返し言明した旨と正反対であるというのですから、なおさら許せません。いうなれば、私がうその訓諭や説法をして全世界の人々をあざむいているということになってしまいます。そんなことがあるはずのないことは常識ある方々には、すぐ分ってもらえると思います。仮に私が本心を打ち明けるにしても、よりによって、講頭父子にすぎぬ浅井ごときまったく信用の置けない人物に打ち明けようはずのないことは自明の道理でありましょう。しかしながら、元妙信講の中で今なお浅井についておる人々はどうも洗脳されて頭がおかしくなっておるらしい。ふだんから寺院と切りはなされて浅井の言うことが私の言うことだときかされていたためか今になっても正しいチャンネルの切りかえができないらしく、浅井の荒唐無稽な話を信じてさわいでおるから困ったものであります。私も法主という立場上、総本山に種々のしきたりがあり、みだりに人に会うことも難しい地位にあります。そのことを利用して何も知らない人たちを〝国立戒壇こそ法主の内意である〟などとあざむくことは卑劣この上ないやり方であり、宗門史上かつてない猊座に対する冒涜であると思うのであります（達全二―六―四二二、大日蓮・昭和五〇年九月号一九）

この正本堂が完成した時は、大聖人の御本意も、教化の儀式も定まり、王仏冥合して南無妙法蓮華経の広宣流布であります（達全一―三―五〇四、大白蓮華・昭和四三年一月号一三）

〔網掛けの文証は顕正会が邪難に悪用するもの〕

《第67世日顕上人御指南》

○「国立戒壇」は誤り

結局、道理から言っても「国立戒壇」は誤りですから、『国立戒壇論の誤りについて』のなかにおいて「国立戒壇が間違いだ」と言ったことは正しかったと思っております

（近現代における戒壇問題の経緯と真義八九）

◯「国主立」について

今の憲法においては、いくら妙信講が「国立戒壇だ」と叫んでみても、結局、憲法には違反するわけですから全く不可能なのです。また、私は、国家機関が建てるということになると、大聖人様の御精神から少し外れるようにも感ずるのです。そこで、私はこのように考えたらどうかと思うのです。私は、それほど偉くもありませんから、今後、このようにすべきだという意味で申し上げるわけではありません。また、この戒壇建立ということは、『三大秘法抄』『一期弘法抄』の戒壇、すなわち大聖人御遺命の戒壇でいいと思いますし、それ以上、何かいう必要はないとも思います。しかし、敢えて一つの考え方として申し上げるならば、「国主立」という言い方はどうだろうと思うのです

（大日蓮・平成四年一一月号四五）

私は「国主立ということを言いなさい」と言っているわけではありません。ただ私は、御遺命から言って、国主立という言い方もできるのではなかろうかという意味で言っているだけで、正規に大聖人が我々に示され、命令された御戒壇は何かと言えば御遺命の戒壇、いわゆる本門寺の戒壇であります

（近現代における戒壇問題の経緯と真義　一〇八）

◯「王法」とは社会生活の原理

現状を認識した上で、今日、王法の解釈をするならば、王法が政治内容だとするのも、なお不充分であり、「王法イコール政治をふくむあらゆる社会生活の原理」とならざるを得ないのである

（国立戒壇論の誤りについて三九）

◯現代の「王臣」とは民衆

「王臣一同」ということであるが、現代では、民衆が王であるとともに臣である。ゆえに「民衆一同」と読むのが、今日では正しいのである

（国立戒壇論の誤りについて五一）

◯正本堂は直ちに本門寺の戒壇ではない

従って正本堂は現在直ちに一期弘法抄、三大秘法抄に仰せの戒壇ではないが、将来その条件が整ったとき、本門寺の戒壇となる建物で、それを今建てるのであると、日達上人が明鑑あそばされ、示されたのが此の度の訓諭であろう

（国立戒壇論の誤りについて六四）

◯「言い過ぎ」「はみ出し」について

昭和四十七年の『国立戒壇論の誤りについて』と昭和五十一年の『本門事の戒壇の本義』は、先程から言っているように私が書いたけれども、そこにはたしかに、戒壇の建物は広布完成前に建ててよいとか、正本堂が広布時の戒壇の建物と想定するような、今から見れば言い過ぎやはみ出しがあるけれども、これはあくまで正本堂の意義を『三大秘法抄』の戒壇に作り上げようとした創価学会の背景によらざるをえなかったのです

（近現代における戒壇問題の経緯と真義九七）

◯現在、正本堂の意義を論ずることは空論

正本堂がなくなった現在、その意義について論ずることは、はっきり言って、全くの空論であると言ってよいと思います

（近現代における戒壇問題の経緯と真義九八）

◯勅宣・御教書の解釈について

今考えてみると、やはり今は、勅宣・御教書は、その現代的な拝し方としても、そういう軽々しいものとして考えるべきではなく、もっと深い背景的意義を拝すべきと思うのです

（近現代における戒壇問題の経緯と真義九八）

◯本門寺公称は未来のこと

佛意ノ明鑑ニ基ク名実共ナル大本門寺ノ寺号公称ハ事ノ戒法ノ本義更ニ未来ニ於テ一天四海ニ光被セラルヘキ妙法流布ノ力作因縁ニ依ルヘシ

（大日蓮・平成二年一一月号八七）

私は信念を持っているのです。いくらなんでも、あのような間違った流れや様々な形のあったなかで、しかも池田のわがまま勝手な姿の色々と存するなかにおいて、今現在、直ちに「本門寺の戒壇」と称すべきではないと思っていました。しかし池田は、おそらくあの大石寺開創七百年慶讃大法要の時に、この私が「大石寺を本門寺と改称したい」とか、「改称する」と言うことを期待していたと思うのです。それなのに「未来のことだ」と言ったものだから、怒ったのでしょう。だけど色々な状況上、私は一宗を統率させていただくという意味において、安易に「本門寺と改称する」などとは言えないし、また、あそこで「本門寺にする」とか、「本門寺になる」というような意味のことを言わなくて、私はよかったと思っておるのであります

（近現代における戒壇問題の経緯と真義九四）

○末寺の御本尊下付に関する御指南

末寺が、ある時期に弘通教化の上の必要上、形木本尊を下附したことはありますけれども、それはすべて、総本山法主の許可を受けているわけであり、法主に背いて形木を出したことなど、絶対にないのです（創価学会の偽造本尊義を破す　二三）

《本宗僧侶の発言・記述》

○左京日教師の記述

天生ヵ原に六万坊を立て法花本門の戒壇を立つべきなり（類聚翰集私・富要二―三二三）

○椎名法英〔日澄〕重役挨拶

この席を借りまして、重大発表をさせて頂きます。本日、午前十一時十分より、総本山におきまして、緊急重役会議が開催せられ、阿部総監様、私、椎名重役、それに能化であられる観妙院様にも特に御出席を頂き、この度の日達上人猊下御遷化にともなう緊急の協議が行われました。会議では、阿部総監様が臨時議長となられ、冒頭阿部総監様より、御相承に関する重大なる御発表がありました。その内容は、今日までどなたにも秘してきたが、実は昨年四月

十五日、総本山大奥において猊下と、自分と、二人きりの場において、猊下より自分に対し内々に、御相承の儀に関するお言葉があり、これについての甚深の御法門の御指南を賜ったことを御披露する、との旨の、重大なる御発言がなされたのであります。日達上人猊下には、その以前よりお身体の不調を訴えられ、特に心臓機能の障害によって、しばしば御入院遊ばされ、治療に専念遊ばされておりました。猊下には、特に心臓の病気が急激性を持つものであることにより、これを深く御考えあらせられ、不時のことを慮んぱかられて、本宗の重大事たる血脈の不断のために、あらかじめ御用意、御処置を遊ばされて、もって不時の事態にお備え遊ばされたものであるということを、私共は深く痛感致すものであると同時に、猊下の深い御用意と御配慮に対し奉り、私共はただただ恐懼感激致すものでございます。重役会におけるこの御発表により、私共出席者は深く感動致し、ひたすら信伏随従を御誓い申し上げた次第でございます。何とぞ、宗内の僧俗御一同におかせられましても、本日ただ今より、新御法主上人を仰ぎ奉り、新御法主上人のもとに、内外共に多難なる今日の局面において、真の僧俗和合、一致団結を遂げて、さらに広宣流布の大目的のために、全力を傾注せられ、もって日達上人猊下の御報恩にお供えしてまいろうではありませんか

（大日蓮・昭和五四年九月号六〇）

○**大村壽顕〔日統〕師証言（日達上人の御遷化の相）**

病室へ駆け込んだ時、既に猊下には御遷化の直後であり、いつもとかわらぬ静かな御尊容を拝して只々哀痛悲嘆にくれるのみでありました

（大日蓮・昭和五四年九月号三七）

○**菅野慈雲〔日龍〕師発言**

正本堂建立は、即ち、事の戒壇であり、広宣流布を意味するものであります。この偉業こそ、宗門有史以来の念願であり、大聖人の御遺命であり、二祖日興上人より代々の御法主上人の御祈願せられて来た重大なる念願であります

（大日蓮・昭和四二年一一月号四九）

〔網掛けの文証は顕正会が邪難に悪用するもの〕

○河邊慈篤師のお詫びと証言

話の前後を抜いて記録してしまい、あたかも御法主上人猊下が御自らの意見として、『本門戒壇の大御本尊』を偽物と断じたかのごとき内容のメモとなってしまいましたことは明らかに私の記録ミスであります。このような私の不注意による、事実とは異なる不適切な内容のメモが外部に流出致し、本門戒壇の大御本尊様の御威光を傷つけ奉り、更には御法主上人猊下の御宸襟を悩ませ、また宗内御一同様に多大の御迷惑をおかけ致しましたことを衷心より深くお詫び申し上げる次第でございます

（大日蓮・平成一一年九月号五）

《宗門の公式文書・記録》

○日達上人の御遷化の相（宗門の記録）

遺弟によって、最后の御剃髪、御剃顔が行なわれ、半眼半口の御温顔に一同新たなる感慨を禁じ得なかった（大日蓮・昭和五四年九月号八四）

○大石寺三門前旧高札の記述

願わくは有縁無縁の大衆須らく純心に参詣して佛果菩提の縁となされんことを

○正本堂建立御供養趣意書

戒壇の大御本尊様が、いよいよ、奉安殿よりお出ましになって、正本堂に御安置されることを、正式におおせくだされたのであります。かねてより、正本堂建立は、実質的な戒壇建立であり、広宣流布の達成であるとうけたまわっていたことが、ここに明らかになったのであります

（大日蓮・昭和四〇年五月号一四）

正本堂建立の位置は「大御本尊は客殿の奥深く安置する」との御相伝にもとづいて、大客殿の後方に建てられることになっております

（大日蓮・昭和四〇年五月号一五）

○日蓮正宗公式サイトの記述

池田は正本堂着工大法要の折り、正本堂の意義について『三大秘法抄』の戒壇の文を引き、「この法華本門の戒壇たる正本堂」（大日蓮　昭和四三年一一月号巻頭）と発言し、正本堂が広宣流布達成の暁に建立されるべき大聖人御遺命の事の戒壇であることを表明した。しかしそれは、日蓮正宗の法義から逸脱したものであり、池田が自分こそ大聖人の御遺命達成者であると見せかけるための詐言であった。

〔網掛けの文証は顕正会が邪難に悪用するもの〕

○妙信講に対する講中解散処分宣告書

宣　告　書

東京都板橋区常盤台一丁目十六番六号

日蓮正宗法華講支部　妙　信　講

講頭　浅　井　甚　兵　衛

一、主文　講中解散に処する。

右妙信講は、数年来「国立戒壇の名称を使用しない」旨の宗門の公式決定に違反し、更にまた昭和四十七年四月二十八日付「訓諭」に対して異義を唱え、数度に及ぶ宗務院の説得、誡告等にも従わず、かえって宗務院並びに他の信徒に対して非難中傷を加え、機関誌の大量配布、デモ行進などを行なった。

これは、宗門の秩序と統制を乱す行為であり、甚だ許し難いものである。

従って、七月三十一日付をもって弁疏の提出を求めたところ、八月七日文書の提出があり、その内容を検討したが、右行為を正当とする事由は見当らず、また情状酌量の余地も全くないものである。

よって宗規第百六十四条（旧第百六十一条ノ三）の二号の処分事由に該当するものと認め、頭書の如く処分する。

昭和四十九年八月十二日

日蓮正宗管長　細　井　日　達　印

（大日蓮・昭和四九年九月号八）

《浅井昭衛のかつての発言》

○本門戒壇の大御本尊の御在所は事の戒壇

猊下（日達上人※）の仰せ給う「事の戒壇」とは、

この広布の時の「事相」に約し給うものでなく、所住の法体の「事」に約し給うたものである。即ち、戒壇の大御本尊おわします所は何処・何方にても直に「事の戒壇」と定義せられたのである。従って、曾っての御宝蔵も、また現在の奉安殿も「事の戒壇」であり、将来正本堂にお遷り遊ばせば同じく「事の戒壇」であるとの御意であられる（※編者注・「正本堂」に就き池田会長に糺し訴う、冨士・昭和五〇年四月号一二五）

○正本堂建立御供養に参加

今回総本山に於て御法主上人猊下の御思召によりまして、いよいよ意義重大なる正本堂が建立される事になります。戒旦の大御本尊様が奉安殿よりお出まし遊ばされるのであります。この宗門全体の重大な慶事に、妙信講も宗門の一翼として講中の全力を挙げ真心を込めて猊下に御供養をさせて頂く事になりました（冨士・昭和四〇年七月号八）

猊下の深い御思召により大客殿の奥深き正本堂へとお出ましになるのであります

（冨士・昭和四〇年七月号九）

全講を挙げて歓喜の御供養をさせて頂こうではありませんか（冨士・昭和四〇年七月号九）

○正本堂は立派に完成

正本堂は立派に完成いたしました。そして、法義的には妙信講の必死の諫訴により、辛じて、未だ三大秘法抄・一期弘法抄の御遺命の戒壇ではないと訂正はされた。そして恐れ多くも大聖人様の御魂であらせられる戒壇の大御本尊様は出御あそばされた

（冨士・昭和四七年一一月号六）

○御相承の否定は大謗法

阿部管長憎しのあまり、そして池田大作を偉く見せるために、ついに下種仏法の命脈たる金口の相承までも、学会は否定してしまったのであります。もう一度云いますよ。今の創価学会は①正本堂によっ

て御遺命を破壊し、②経本の観念文から「戒壇の大御本尊」を削除し、③唯授一人の血脈相承を否定した――こういう団体になってしまったのです。これを仏法破壊といわずして、何を仏法破壊というのか。これを大謗法といわずして、何がいったい大謗法でありましょうか

（顕正新聞・平成四年六月五日号一面）

○**血脈は絶対に断絶しない**

細井管長から阿部管長への時は、儀式が省略された。ゆえに「授」なく「受」なしと疑われたのだ。この状況こそ、まさに六十六・七代にわたって行われた御遺命違背の罰なのです。だが、血脈は絶対に断絶しない。たとえ御相承の儀式があろうと、なかろうと、絶対に断絶はしないのです（中略）御相承の儀式のあるなしは、本質的には全く問題ない。断絶などはあり得ないのです

（顕正新聞・平成五年一月五日号三面）

○**第67世日顕上人に血脈が相続されている**

今日に至るまで代を重ねること六十七、一系連綿、一時も断絶することなく、一器の水を一器に瀉すごとく血脈が相続されております

（冨士・昭和六一年一二月号三）

《顕正会機関誌『富士』の記述》

○**正本堂建立御供養に参加**

正本堂建立の御供養が発表され、各組織を通してその意義と根本精神の徹底が図られています。この御供養は、宗門の歴史をつらぬく大事で、猊下を通して戒旦の大御本尊様への御奉公であり、私達の生涯に二度とはない大福運でありましょう

（冨士・昭和四〇年七月号一一）

○**大石寺は本門戒壇建立の霊地**

下条より約半里ほど離れた北方に大石ヵ原という茫々たる平原がある。後には富士を背負い、前には洋々たる駿河湾をのぞみ、誠に絶景の地であり、日

興上人はこの地こそ、本門戒壇建立の地としての最適地と決められ、ここに一宇の道場を建立されたのである。かくて、日興上人は弘安二年の戒壇の大御本尊をここに厳護されると共に、広宣流布の根本道場として地名に因んで多宝富士大日蓮華山大石寺と号されたのである。これが日蓮正宗富士大石寺の始りである（冨士・昭和三九年九月号二三）

《その他》

○大坊棟札の記述

国主此の法を立てらるる時は、当国天母原に於て、三堂並びに六万坊を造営すべきものなり

（達全　二—五—三二七参照）

〔網掛けの文証は顕正会が邪難に悪用するもの〕

○要法寺日辰の記述

二は日本一同に順縁の広宣流布の時上行等の四菩薩国王国母大臣導師と成て寿量の妙法を弘通し玉ふ時富士山の西南に当たりて山名は天生山と号す。此の上に於て本門寺の本堂御影堂を建立し岩本坂に於て二王門を立て六万坊を建立し玉ふべき時彼の山に於て戒壇院を建立し日本僧俗戒壇を蹈む可き事を富士山本門寺の戒壇は云云

（御書抄 報恩抄下・達全二—五—三三四参照）

○「国立」の語義

国家が設立すること。国家が設立して、維持や管理をすること。国営。

（小学館 日本国語大辞典第二版五—六一八）

顕正会破折 Q&A

令和元年八月二十八日　初版発行
令和七年二月　一　日　第四刷発行

編集　日蓮正宗法義研鑽委員会

発行　㈱大日蓮出版
静岡県富士宮市上条五四六番地の一

ISBN 978－4－905522－85－0